新版

# 电商运营与网络营销

王春霞　左　利　张恒儒　主编

中国农业科学技术出版社

**图书在版编目(CIP)数据**

电商运营与网络营销 / 王春霞,左利,张恒儒主编 .—北京:中国农业科学技术出版社,2021.4（2023.7重印）

ISBN 978-7-5116-5275-1

Ⅰ.①电…　Ⅱ.①王…②左…③张…　Ⅲ.①电子商务-运营管理②网络营销　Ⅳ.①F713.365

中国版本图书馆 CIP 数据核字(2021)第 062617 号

**责任编辑**　白姗姗
**责任校对**　贾海霞
**责任印制**　姜义伟　王思文

**出 版 者**　中国农业科学技术出版社
北京市中关村南大街 12 号　邮编:100081
**电　　话**　(010)82106638(编辑室)　(010)82109702(发行部)
(010)82109709(读者服务部)
**传　　真**　(010)82106650
**网　　址**　http://www.castp.cn
**经 销 者**　各地新华书店
**印 刷 者**　北京捷迅佳彩印刷有限公司
**开　　本**　850 mm×1 168 mm　1/32
**印　　张**　5
**字　　数**　125 千字
**版　　次**　2021 年 4 月第 1 版　2023 年 7 月第 3 次印刷
**定　　价**　36.80 元

# 《电商运营与网络营销》
## 编委会


主　编：王春霞　左　利　张恒儒

副主编：朱小晨　纪卫华　蒙　亮

郭延习　刘　洋　何　抒

周静华　栗少林

参　编：薛瑞娟　孙玉强

# 前　言

由于电商与传统商业模式的差异性，使得电商“看起来”很神秘。其实，电商的本质和传统行业并无不同，电商是通过互联网在线的方式进行交易的，它改变了人们的交易方式和生活方式，让消费者和企业有了更多的选择，同时，也拉近了企业和消费者的距离。

本书以通俗易懂的语言，从网店运营、电商支付、电商运营的客户管理、直播营销、活动营销、短视频营销、内容营销、微商运营、小程序电商运营、电商运营品牌策略、提升电商运营的服务品质、电商运营的包装及配送等几个方面，对电商运营与网络营销的必备知识进行了详细介绍，以期帮助农民朋友学习电商运营的知识。

编　者

2021 年 1 月

# 目　录

# 第一章　网店运营

## 第一节　淘　宝

淘宝网由阿里巴巴集团投资创办。淘宝网推出之后，短短几年之内就成功占据了国内市场，成为电子商务领域的领头羊，也是众多商家开办网店的首选，如图 1–1、图 1–2 所示。

图 1–1　淘宝网首页

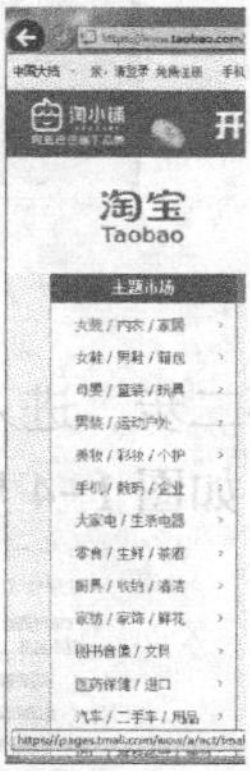


图 1–2　淘宝网的主题市场

### 一、注册成为淘宝网会员

无论在网上开店，还是利用淘宝网购物，首先要注册成为会员，才能使用各种服务。在淘宝网上注册成为会员不会收取任何费用。

注册成为淘宝网会员非常简单，只需要根据提示操作即可注册成功。

注册成为淘宝网会员的具体操作步骤如下。

第一步，启动浏览器，打开淘宝网首页，单击左上角的“注册”按钮，如图 1-3 所示。

图 1-3　单击“注册”按钮

第二步，进入“用户注册协议”页面，单击“同意协议”按钮，如图 1-4 所示。

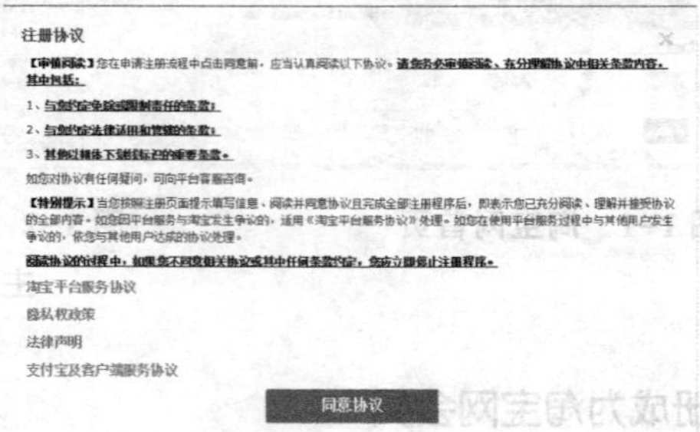

注册协议

【审慎阅读】您在申请注册流程中点击同意前，应当认真阅读以下协议。请您务必审慎阅读、充分理解协议中相关条款内容，其中包括：

1、与您约定免除或限制责任的条款；

2、与您约定法律适用和管辖的条款；

3、其他以粗体下划线标识的重要条款。

如您对协议有任何疑问，可向平台客服咨询。

【特别提示】当您按照注册页面提示填写信息、阅读并同意协议且完成全部注册程序后，即表示您已充分阅读、理解并接受协议的全部内容。如您因平台服务与淘宝发生争议的，适用《淘宝平台服务协议》处理。如您在使用平台服务过程中与其他用户发生争议的，依您与其他用户达成的协议处理。

阅读协议的过程中，如果您不同意相关协议或其中任何条款约定，您应立即停止注册程序。

淘宝平台服务协议

隐私权政策

法律声明

支付宝及客户端服务协议

同意协议

图 1-4　“用户注册协议”页面

第三步，进入“设置用户名”页面，输入手机号并进行验证，单击“下一步”按钮，如图 1–5 所示。

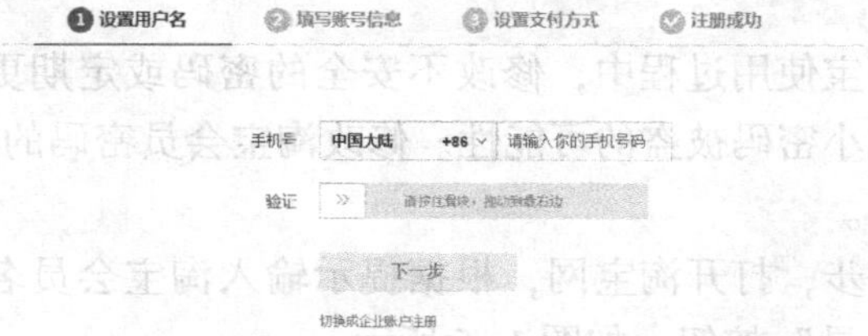


**图 1–5　“设置用户名”页面**

第四步，输入手机验证码，单击“确认”按钮。

第五步，进入“填写账号信息”页面，填写登录密码并设置会员名，单击“提交”按钮。

为了能顺利地完成注册，注册时要注意以下各项要求。

①登录名：5～20 个字符（包括小写字母、数字、下划线、中文），一个汉字占两个字符，推荐使用中文会员名。如果不能确认注册的会员名是否已有人使用，可以单击“检查会员名是否可用”查看。

②登录密码：密码由 6～16 个字符组成，使用英文字母加数字或符号的组合密码，不能单独使用英文字母、数字或符号。建议不要使用自己的生日、手机号码、姓名作为密码，以防被盗。

③确认密码：需要跟之前填写的密码完全一致。

第六步，进入“设置支付方式”页面，填写银行卡号、持卡人姓名、证件种类和手机号码，之后单击“同意协议并确定”按钮。

第七步，成功完成淘宝网会员注册。

## 二、修改淘宝会员密码

在淘宝使用过程中，修改不安全的密码或定期更改密码，都可以减小密码被盗的可能性。修改淘宝会员密码的具体操作步骤如下。

第一步，打开淘宝网，根据提示输入淘宝会员名和密码，单击“登录”按钮，如图 1–6 所示。

**图 1–6　淘宝登录页面**

第二步，进入“我的淘宝”页面，单击“账户设置”按钮，进入“账号管理”页面；单击下方“登录密码”右侧的“修改”超链接，如图 1–7 所示。

**图 1–7　单击“修改”超链接**

第三步，进入“验证身份”页面，选择自己最近购买的商品。

第四步，单击“确定”按钮，进入“修改登录密码”页面，设置新的密码。

第五步，单击“确认”按钮，即可成功修改登录密码。

## 三、店铺的设置和优化

装修店铺不仅可以使商家的店铺更加美观，还能表现出商家对店铺的重视程度，使消费者觉得商家是在用心经营，从而提高消费者对店铺的好感度。

### （一）选择店铺风格

店铺风格主要表现为店铺的背景颜色和元素基调，决定了店铺给人的直观印象。淘宝店铺提供了几种店铺模板，商家在开店初期只要在自己已有模板的相应位置处上传文字及图片信息即可。选择店铺风格的具体操作步骤如下。

（1）进入“我的淘宝”页面，单击“我是卖家”超链接进入卖家中心，单击“店铺管理”下的“店铺装修”超链接。

（2）进入店铺管理平台的下一个页面“模板管理”，在这里可以选择自己喜欢的店铺风格和模板样式。

### （二）设置店铺介绍

店铺介绍是使消费者产生良好第一印象的重要手段，是定位网店的一个重要窗口。开网店，好的店铺介绍是非常重要的，可以让消费者快速了解店铺，能够为店铺增色不少。

在“卖家中心”页面单击店标标志，进入店铺基本设置页面，输入店铺介绍。

那么，店铺介绍如何写呢？

1. 消息型

消息型店铺介绍主要将网店中的促销活动、优惠活动等都写到店铺介绍里面，这样的店铺介绍可以快速吸引消费者的注意，并且店铺的优惠活动可以令消费者快速下单。

2. 简洁型

简洁型店铺介绍是用简单、简洁的语言来描述店铺，可以是一句话，也可以是一句话加上店铺的联系方式和淘宝认证名片。以下为简洁型店铺介绍的两个例子。

（1）感谢亲光临本店！本店主营童装，诚信经营，薄利多销。

（2）欢迎光临本店！掌柜在此向大家承诺，本店销售的商品均为正品，各位可放心购买，假一罚十。

3. 详细型

详细型店铺介绍在写的时候必须要注意排版，应主要写一些消费者想知道的，如怎么在店铺内购物、如何付款、发货时间及物流方式、店铺联系方式、售后服务内容等，其中的重点内容可以用其他的颜色标注出来。当消费者看到店铺介绍时，就会对店铺有一个全面清晰的认识。

4. 独特型

独特型店铺介绍就是把自己店铺的优点、特色等都展示在店铺介绍中，如店铺中的特色宝贝、商品优势、服务优势等。

## 四、手机淘宝的运用

本实例将讲述手机淘宝的运用，具体操作步骤如下。

第一步，在应用商店里搜索“淘宝”，单击右侧的“下载”超链接，如图 1-8 所示。

第二步，下载完成后单击右侧的“打开”按钮。

第三步，打开以后进入“手机淘宝”页面，单击底部的“我的淘宝”，如图 1-9 所示。

第四步，输入用户名和密码，登录手机淘宝。

第五步，单击“必备工具”后面的“查看全部工具”，在

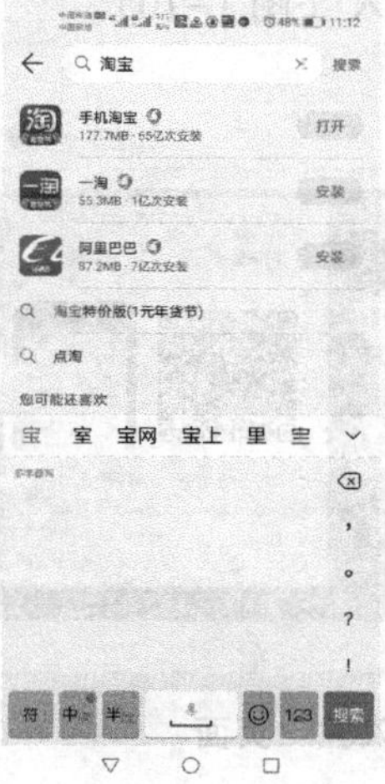

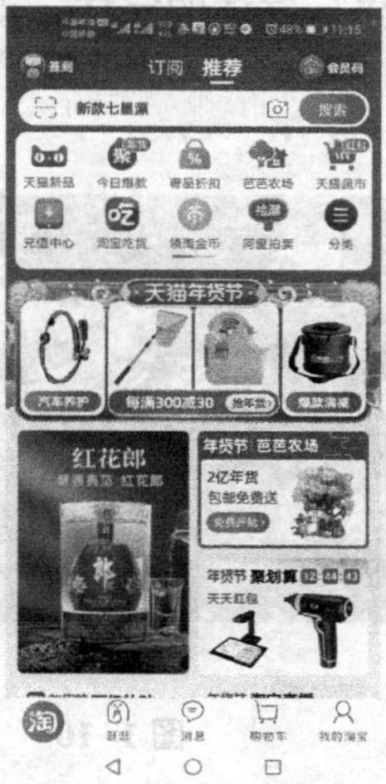

图 1–8　搜索手机淘宝　　图 1–9　“手机淘宝”页面

底部单击“我是商家”超链接，进入商家店铺，在这里可以进行“发布宝贝”“宝贝管理”“订单管理”等操作。

第六步，单击“发布宝贝”超链接即可进入“发布宝贝”页面，发布相关宝贝信息。

## 第二节　京　东

京东是中国最大的自营式电商企业，凭借优秀的服务水平，赢得了众多消费者的信任和喜爱。

### 一、卖家入驻

卖家入驻京东商城需要哪些条件呢？怎样入驻京东商城呢？

第一步，进入京东商城以后，拉到最下面就可以看到

“商家入驻”这样的字样，点击进入（图 1-10）。

**图 1-10 “商家入驻”页面**

第二步，出现“来京东”页面，如图 1-11 所示。

**图 1-11 “来京东”页面**

第三步，在出现的界面中点击“入驻意向”，出现的界面如图 1-12 所示。

第四步，填写完就会跳转到入驻须知，这方面的相关协议建议仔细阅读，或是打电话去京东询问不懂的条款，这直接关系卖家利益。

图 1–12　报名信息填写

入驻注意事项

1. 卖家在线入驻有哪些注意事项呢？

（1）如果卖家申请未通过审核，那所寄材料是否退还呢？卖家所提交的复印件材料概不退回，卖家自行留底。如需再次申请，重新登录卖家入驻系统提交申请。

（2）如果已在京东开通过店铺，还能使用卖家入驻系统开新的店铺吗？如果卖家已在京东开通过店铺或者已在入驻审核流程中，则无法使用或再次使用卖家入驻系统。

（3）如何查询入驻进度？卖家及时登录“卖家在线”入驻系统查看入驻进度。

（4）如何获取银行联行号？卖家向结算账号开户支行询问此开户银行的 12 位联行号编码即可。

2. 公司信息填写注意事项

（1）如何正确填写企业营业执照号？营业执照号指的是营业执照上的注册号，而不是企业编号。

（2）如何正确填写公司名称？填写入驻资料时，应按照营业执照上的公司名称填写，填写完整，不能多字或少字，如经常发现商家填写时漏掉公司名称中的“市”字，会导致系统填写信息与营业执照不一致。

（3）如何上传正确的税务登记证？在上传税务登记证的时候，将印有国税章和地税章的税务登记证扫描到一张图片中上传，若两个税章不在同一个证上，将有国税章和地税章的两个证扫描或合成一张图片上传。

3. 店铺信息填写注意事项

（1）命名店铺时，店铺名称和类型是否要统一？在命名店铺时，店铺名称和类型要一致，若店铺类型为“专营店”，则命名不可以为××旗舰店，若店铺类型为“专营店”且商家申请服装类目，则要命名为“××服装专营店”。

（2）什么情况下可以命名“官方旗舰店”？若商家或商家公司法定代表人是商标注册人，则可以使用“官方”命名旗舰店；若商家仅持有商标注册人出具的排他性授权，则可命名为“××旗舰店”但不能使用“官方”命名旗舰店。

（3）在店铺命名时，如何填写品牌名呢？命名旗舰店或专卖店时，品牌名要与商标注册证上的注册商标一致，如商标注册证上的注册商标是用英文字母注册的，命名时品牌名也要写英文字母，不能为中文译名，且应注意英文字母的大小写区别。

（4）如何正确选择旗舰店类型？

①商家或商家公司法定代表人是商标注册人，店铺类型应选择“厂商直营旗舰店”。

②商家持有商标注册人出具的排他性授权，店铺类型应选择“厂商授权旗舰店”。

③商家或商家公司法定代表人是35类及以上类别商标注册人，店铺类型可以为“卖场型旗舰店”。

（5）收到垂直站邀请的商家，如何申请“海外购”或“奢侈品站”？收到垂直站邀请的商家，在垂直站邀请处勾选“海外购”或“奢侈品站”复选框，非被邀请的商家勾选“未收到邀请”复选框。

(6) 其他资质处应该上传什么资质材料呢？在其他资质处，入驻的公司可以上传相关的行业资质或是获得的一些认证证书，如中国500强企业证书、中国编码系统成员证书等。如果没有相关的行业资质，则可以不上传。

## 二、店铺管理

已经拥有了自己的网店，那么如何在日常运营中进行管理呢？常规的管理工作是少不了的，细节也很重要。

### (一) 如何进行店铺分类

店铺分类在店铺中的位置非常重要，它能让顾客从任何页面跳转到他想去的地方。建议将其放在最上方，以便顾客浏览其他商品。分类的原则以实用为主，尽量做到简洁明了，不要盲目追求美观而使用一些闪烁、巨幅、花哨的图片。

进入“店内分类管理”页面，单击“添加新分类”按钮添加一级分类，单击“添加子分类”，在每一类目下面添加子类目。添加好之后保存，分类设置完成。

店铺商品分类可以根据商品的适用人群或者商品的名称去分类，也可以根据商品的用途去分类。比较清楚的分类，能减少买家在店铺中找到商品的时间，店内商品对应的分类准确了，商品就更容易被查找到，所以应该完善商品分类，店铺商品就更容易管理。

### (二) 如何设置店铺的“二级域名”

为什么要增加这个“二级域名”的功能呢？每个店铺所产生分配的链接比较长，长域名很难让别人记住，有时自己也不容易记住，所以就增加了一个二级域名的功能，希望能帮助卖家设置一个让自己或者别人比较容易记住的网址，也就是二级域名，如 http://yidafang.jd.com/就是二级域名。

进入店铺商家后台管理页面，单击“我的店铺”下的“二级域名申请”。

二级域名使用到期前一个月系统会进行提示，卖家可以选择继续使用或放弃使用。当卖家在系统提示的续费期内未续费，到期后域名会自动失效，店铺恢复默认域名。此时系统仍然会为店铺保留此域名的 15 日优先申请权，过期未申请，则域名释放可供其他卖家申请。

## 三、店铺设计

如果将二者充分融合，为用户提供极致的感官和行为引导体验，那么一定能打造出优秀的店铺。因此，在店铺的实际运营过程中，我们将介绍一整套京东店铺运营的“视觉营销”结构性设计策略。

### （一）品牌基因

品牌基因是在视觉营销过程中首要考虑的因素，它决定了页面传达的理念、表现的行为、视觉感受和听觉感受。

什么是品牌？引用现代营销学之父科特勒在《市场营销学》中的定义：“品牌是销售者向购买者长期提供的一组特定的特点、利益和服务。”特点、利益和服务，这三点需要通过用户界面（User Interface）和用户体验（User Experience）去表达。如果不能充分地表达这三点，那么消费者也许不能完全识别你是谁，更不能通过一次又一次的购买行为记住你。有时候，购买商品只是因为它价格便宜、款式新颖或碰巧出现在面前了，如 1 元疯抢、免单等，购买之后就结束了。因为上述商品没有明确标识、特点，之后也没有持续传播和曝光点，无法通过品牌深入购买者的心。

这里谈品牌，大家认为应该都是大品牌，国际一线、国内驰名，其实不仅仅是大品牌需要品牌基因，诞生期的品牌，也需要尽早设定品牌基因，因为品牌是消费者对于商品的具象认知。销售者只能通过设定品牌基因，才能牢牢地抓住消费者，抢占消费者对于某一个品类的第一品牌印象。

对于经营代理品牌的商家，想要改变品牌方的品牌基因实属不易，但若变换经营思路则豁然开朗。假设我们经营的是一家空气净化器的店铺，可能会拿到很多品牌的代理，那么我们的店铺类型就会被定义为一家多品牌类型的专营店。我们可以给自己的专营店设定一个“品牌基因”，举个例子，我们经营的这家空气净化器专营店，专注做雾霾重灾区市场。虽然经营多个品牌，但是我们已经帮各位消费者做过了产品的筛选，只销售各个品牌净化能力非常强的产品型号。这样设定的“品牌基因”，并不是刻意缩小市场容量，获取精准用户，而是让精准用户和非精准用户在潜意识里认为，我们是在帮他们挑选空气净化能力非常强的产品。因为我们专注做雾霾重灾区的市场，所以消费者潜意识里会认为，我们经营的空气净化器的空气净化能力一定都非常强。

（二）分类导航

分类导航，顾名思义就是以精准的分类为用户提供购买行为的引导。我们见过 hao123 的导航界面，见过京东首页的分类导航，这些并不陌生。分类归纳的最高境界是“相互独立，彼此关联”。因为营销的分类不是为了分类而分类，而是要满足消费者找到商品的需求。

（三）营销活动

营销活动不等于促销活动，常见的促销活动包括满减、满免、直降、满赠、领券等，但营销活动包括促销活动，且不局限于此。如侧重品牌类的营销活动，京东目前有“超级品牌日”活动，活动将整合所有的资源，对品牌进行一次无缝隙的曝光和传播，带来的流量则通过单品促销、店铺整体促销区承接，转化为最直接的销售。

对于店铺的视觉营销而言，营销活动要出现在店铺的第一屏、第二屏的位置，服装的春季上新、商场同款、明星同款、热销爆品、满减或直降专区等，都要出现在比较显眼的位置，这些能激发用户的购买欲望，留住用户。电商的本质还是零售，当用户逛线上商城时，被吸引的不仅是品牌本身的价值，更是能映入眼球的营销活动，明星见面会、周末两件 8 折、新款限量发售等。用户看到这些，忍不住要去看看，满足自己的欲望，如果爱不释手，就尽收囊中了。

（四）上新和更新

对品牌、对店铺忠诚的用户，总会不经意地去关注他们所喜欢的品牌或商品最新的动态，最近出什么新品、什么时候上新，有时会对页面风格设计赞不绝口，对某一商品朝思暮想。因此好的店铺会单独建立自己的上新专区，并告知消费者上新的时间和节奏，也会设计打折专区。店铺的装修风格、素材优化和更新的频率也可以在固定的时间进行，每个月装修 1 次，或者一季度装修 1 次，为用户营造不一样的体验和感受，但主色调最好不变。

（五）客服

客服是京东好店铺极为重要的一部分，京东平台有自己的特殊属性，大部分用户都是静默下单。只有极小一部分，约占 5%的用户是咨询后下单。不过两者之间的比例应该会逐步缩小，因为用户需求的个性化、要求的多样性、对商品和服务的认知等因素，咨询量将逐步增加。无论之前较低的咨询量还是之后呈现的上升趋势，我们都必须高度重视。如何做好这一部分，好店铺一般具备以下两个特点。

1. 坚持的理念

一切为用户服务，服务用户的一切，网销是零售的一种高效的运作方式，有用户的地方就有我们的服务在。

2. 遵循的原则

以用户集中浏览、咨询时间为重心，规划一般期、波峰期、波谷期，不同期间安排不同的服务方式，要求 24 小时都能响应用户的需求。电商消费者人群的消费时间基本是有规律可循的，10—12 时、16—18 时、20—23 时，这几个都是黄金时间段，但不同的品类，访客高峰时间以及下单高峰时间也不尽相同。

（六）完整的闭环逻辑

用户在京东平台找到我们，无论是通过搜索入口、活动入口，还是站外引流等入口，最终都会以单品落地、跳出或成交来结束购物。因此，对于完整的闭环逻辑来说，我们强调的是单品页面的闭环，通过“店铺导航”“标题促销语”“商品详情页链接”“看了又看”“店长推荐”“店铺分类”“店铺热销”“店铺关注”“店铺新品”等来完成闭环。

## 四、产品规划策略

（一）产品规划策略

从商品逻辑的角度而言，店铺内的商品必须有主次之分，一般可分为引流商品、利润商品、长尾商品。合理布局、主次明确，最终达到满足用户多样性需求的目的。

引流商品，用通俗的语言来说就是“噱头商品”“钩子商品”，其主要目的是帮助店铺进行引流，主要特点是价格低、性价比高，在平时的营销活动中我们看到的“1 元秒杀天梭”“999 元抢购 iPad”等就是此类商品。此类商品的活动识别度高，是店铺引流的核心，是店铺流量的重要来源之一。另外，引流商品的策划还需要考虑季节变化、市场突然需求、热点时间等因素。

利润商品，店铺的主推商品必须是利润商品，因为它们决定着店铺的盈利能力。在挑选这类商品时，需要从供应链强弱、产品质量考量、竞争对手情况、产品包装能力、资源投入程度、客服售后等方面综合考虑。否则，有可能会出现商品主推后库存不足、被竞争对手快速封杀、资源不够持久等一系列问题。在电商行业，“二八”原则是屡试不爽的，因此，在考量利润商品时需要更加严谨。

长尾商品，是店铺的潜力商品，其主要特点是动销率低，但却能满足一类用户群体的需求。有些品牌的产品线非常长，库存量单位（SKU）多达几百，甚至几千个，但有些品牌的产品线却很短，如苹果。作为开放平台的店铺，切莫重复铺货，需要根据所经营品牌的特点进行合理铺货。

每个店铺的实际经营情况不同，需要根据店铺的具体情况规划助推不同的商品。

（二）详情页打造技巧

商品描述主要体现在详情页维度，也是京东用户触达最多的页面。关于详情页的设计逻辑众说纷纭，详情页设计公司的专业水平参差不齐。真正好的商品没有详情页也会成为销售热点，例如我们熟悉的苹果手机，在 iPhones、iPhone5S、iPhone6 的时代，只要是官方授权，有货就能卖。当然，不是每个商品都能成为苹果手机，必须重视商品描述。好的详情页会满足下面 4 个原则。

（1）商品讲述得非常透彻。如果不知道讲述是否透彻，就问自己“我的商品讲透彻了吗？”

（2）要能够感动自己。看完详情页后，自己都不以为然，就一定要再进行修改。

(3) 用户一看就会选择。用户做出的选择一定是经过比较的，选择你意味着放弃别人。

(4) 用户马上就下单。这是我们努力的目标，必须朝这个目标去靠近。

这 4 个原则对应的是用户的 4 个消费心理。

(1) 这个商品值这个价吗？

(2) 它到底好在哪里？

(3) 为什么要选择他们家？

(4) 我是马上下单还是再等等？

关于商品详情页的设计，在没有思路的时候可以去学习同品类、跨品类的优质商家，切忌为了做详情页而做详情页，目的是让它场景化、情景化，激发用户的购买动机。好的详情页就是一个商品与消费者进行内心对话的短视频。

## 第三节　拼多多

和淘宝、京东相比，拼多多是后起之秀，成立至今不过短短几年，然而它很快就成长为国内较大的电子商务平台之一。

### 一、拼多多店铺入驻

#### （一）个人店铺资质

个人入驻拼多多平台需要提交个人身份证原件的正反面照片、本人手持身份证的清晰照片、个人近期照片。

#### （二）特殊要求

如果商家选择经营食品类商品，需要向平台提交营业执照、食品流通许可证或食品经营许可证；如果商家经营酒水类商品，需要向平台提交酒类流通许可证或申明书；如果商家是生产厂家，只需向平台提交食品生产许可证，无须提交食品流通许可证。

商家在提交身份证信息时，证件信息时间与截止时间之间的期限要在 3 个月以上。

### （三）店铺命名要求

（1）店铺名称不能重复。如果有多个店铺申请同一个店铺名，按照先后顺序，先申请的店铺获得名称，后申请的店铺要重新拟定一个店铺名申请，店铺名称要符合平台规定。

（2）如果个人店铺经营的是食品保健类目的商品，店铺名称可以出现“××地方特产（特色）”字样，经营其他类目商品的个人店铺不能用“特色”“特产”等字样拟定店铺名称。

（3）如果不是海淘店铺，不能以“××代购”命名。

（4）没有获得平台许可的店铺不能用“拼多多特许”“拼多多授权”等短语。

（5）个人店铺的店铺名不得出现“旗舰”“专卖”“官方”“直营”“官方认证”“官方授权”“知名品牌名”等字样。

### （四）拼多多企业店铺入驻要求

（1）不同类型的企业店铺入驻拼多多平台要上传不同的资料，具体情况如下。

品牌方旗舰店入驻拼多多平台要提交企业三证、质检报告、商标注册证、开户证明。

被授权的旗舰店入驻拼多多平台除要提交品牌旗舰店需要提交的资料外，还要提交授权书。

专卖店与直营店入驻拼多多平台需要提交企业三证、质检报告、商标注册证、开户证明、授权书。

普通店铺入驻拼多多平台只需提交企业三证和开户证明。

（2）管理人和紧急联系人的姓名、手机号不能相同。

（3）企业店铺的性质有两种，一种是海淘店铺，另一种是非海淘店铺。

海淘店铺只能选择“非水果全品类”，可以在拼多多平台销售除水果外的全品类商品，如服饰箱包、母婴玩具、美容个护、数码电器、家居产品、食品保健类商品等。

非海淘店铺可以根据自己经营的商品选择相应的类目，选定之后，只能上传选定类目的商品信息。

（4）店铺性质不同，主营类目不同，平台收取的保证金也不同。在选择店铺性质与主营类目之前，商家要认真阅读平台的《保证金说明》。

（5）企业店铺填写的营业执照注册号、组织机构代码、纳税人识别码、统一社会信用代码信息必须与上传的证件信息保持一致。如果营业执照三证合一，商家要在“是否三证合一”选项选择“是”，之后只需填写统一社会信用代码；如果营业执照不是三证合一，商家就要在“是否三证合一”选项选择“否”，然后在“统一社会信用代码”处填写营业执照注册号，之后根据营业执照类型依次填写信息。

（6）上传的图片大小不得超过 5 兆；商标注册证明、品牌授权证明、质检报告可上传多个，但数量不能超过 13 个。

（7）店铺名称中如果有“旗舰”“官方”等字样，商家必须提交“商标注册证明”。图片可上传多张，对于不满意的图片可点击图片右上角的“×”删除。

（8）店铺名称中如果有“旗舰”“专卖”“专营”字样，商家必须提交品牌授权证明或独占授权证明，店铺经营人必须是授权店铺从属人，图片可上传多张，对于不满意的图片可点击图片右上角的“×”删除。

（9）质检报告必须以图片或 PDF 文件的形式上传，数量可以多个。

## 二、新手开店设置

### (一) 详情页

很多拼多多商家感到相当困惑的是，商品有较高的曝光量和点击量，但转化效率为何却一直处于较低水平呢？造成这种问题的因素是多方面的，而详情页问题无疑是一项重要因素。用户会点击店铺的商品，可能是被标题和主图所吸引，但结果发现详情页很粗糙，很容易认为商家是标题党，无法产生信任，更不用说购买商品。想要做好商品详情页，商家可以从以下 3 个方面着手。

(1) 商品实际体验图。部分商品实际体验很难通过文字进行描述，而以图片的形式却能方便、快捷地将其表现出来，再结合文案描述，可以给消费者带来强烈冲击，刺激其冲动购买。

(2) 商品的成分表。虽然拼多多上的用户主要是价格敏感型用户，但这并不代表他们不注重商品质量，而商品成分表是了解商品质量的有效途径，所以将商品成分表在详情页展现出来是很有必要的。当然，部分成分对专业性要求较高，还有部分成分存在一定的争议，商家可以对这些成分进行重点说明。信息透明度较高的商品，消费者可以用更低的时间成本制定消费决策。

(3) 买家秀、明星秀等图片。高颜值的帅哥靓女拍摄的精美模特图，表面上看确实赏心悦目，但是否能刺激消费者购买，其实际效果可能并不理想，因为大部分人是普通人，仅用这类图片难以让他们制定消费决策。所以，商家可以在详情页中展示买家秀的图片。

商品轮播图及描述也会影响用户购买决策，部分用户不愿看文字较多的详情页，而是通过轮播图及描述决定是否购买。此外，对商品进行美化包装确实对促进产品销量有积极的影响，但不能过于夸张，否则用户会在收到商品后产生较大的心理落差，对商家留下负面印象，甚至投诉商家欺诈。

(二) 制作主图

主图将直接影响商品点击率，进而影响商品销量，所以，制作主图应该得到拼多多商家的高度重视。

(1) 对商品要有充分认识。如果对商品本身缺乏足够的认识，做好主图的难度将会显著提升。主图绝非是简单地将商品图片放入，因为商品同质化问题严重，而低价商品往往模仿成本较低，同质竞品数量较多，所以，商家要结合商品的特征、功能、调性等来提炼其卖点，并长期将其在主图中展示出来，这样会更容易取得用户的认可与信任。

(2) 了解顾客需求及商品价值。仅从商品本身的角度来提炼卖点是远远不够的，还要结合顾客需求及商品价值。不能满足顾客需求、无法为用户创造价值的商品，即便用再精美的文字及图片进行呈现，大部分顾客也不会购买。

(3) 找到合适的美工。美工往往都有各自的设计风格及习惯，同一个项目交给不同的美工负责，看到的效果会存在明显差异。而主图必须要和店铺风格、调性保持高度一致，这样才能更好地达成预期效果，因此，拼多多商家必须找到合适的美工。

(4) 参考对手的商品主图。现代竞争早已不是传统的“零和博弈”，竞争对手相互模仿，将市场蛋糕做大的案例不计其数，所以，拼多多卖家在制作主图时，可以向竞争对手学习借鉴，但切记不可直接抄袭，要分析其主图背后的逻辑，例如，切中了怎样的用户需求痛点等，然后再进行一定的创新。

(5) 测图，进一步调整。主图制作完成后，商家需要进行测图，根据测图结果对其进行优化调整，而且主图并不仅是一张，商家需要从测试结果中找到效果最好的图片，并将其作为首图。

# 第二章　电商支付

## 第一节　移动支付

### 一、近场支付

近场支付是指消费者在购买商品或服务时，采用近场通信（Near Field Communication，NFC）技术，实现手机等手持设备之间无线通信完成支付，支付处理在现场和线下进行。

（一）闪付

闪付是中国银联推出的基于近场支付技术的一款非接触式支付产品，用户新领取的银行卡基本上都具有芯片，如果卡片正面标记有“闪付 Quick Pass”字样，则说明该金融 IC 卡具备闪付功能，付款时只要将银行卡靠近 POS 机即可完成支付。中国银联将闪付规划为小额支付产品，一般来说，单笔交易金额不超过 1 000 元。便捷和安全是闪付希望打造的两大核心卖点，便捷主要指的是闪付无须输入密码和签名，只要将卡在 POS 机上轻轻一刷就可以完成支付；从开始的 300 元以内免密支付，到现在的额度提升到 1 000 元，闪付变得更加接地气。

（二）刷卡器支付

近场支付的发展一直达不到预期，其中的重要原因是近场支付需要特殊芯片支持，所以用户需要持有支持 NFC 功能的手机才能使用，这从一定程度上来说增加了用户使用的成本，从而阻碍消费者使用近场支付功能。另外，用户大多已经养成刷卡的习惯，刷手机与刷卡并没有太大差别，而且也不见得更加便利。鉴于此，美国移动支付公司 Square 推出刷卡器支付，商家只需要将 Square 的刷卡插件（移动读卡器）插到移动设备上，就能够使用移动设备收款，这一方面将使用近场支付的成本转移到商家端，无须个体用户支付额外费用；另一方面不需要商家进行收费终端设备升级，大大降低了刷卡消费支付的技术门槛和硬件需求。刷卡器支付还顺应了消费者既有的支付习惯，因此更易于被接受，尤其对一些习惯刷卡消费并对安全性比较关注的消费者是一个不错的选择。

（三）电子钱包

电子钱包主要有两种概念：一种是我们常谈到的类似谷歌钱包一样的软件或应用，用户通过将银行账户或银行卡绑定到软件或应用上，然后就可以通过刷手机来完成交易；另一种是小额支付的智能储值卡，持卡人预先在卡中存入一定的金额，交易时直接从储值账户中扣除交易金额。

此外，中国电信翼支付还推出 200 元、500 元和 1 000 元的翼支付卡，这是一种不记名的预付卡，用户可以通过翼支付的门户网站进行消费，还可以使用手机客户端进行充值，也可以登录天翼积分商城进行在线购物。

除中国电信外，中国移动也推出了中国移动和包（原名手机支付、手机钱包），它是中国移动面向个人和企业客户提供的综合性移动支付业务。持有 NFC 手机或者 NFC-SIM 卡的用户，可以将自己的银行卡、公交卡、会员卡、折扣卡等绑定到手机移动和包 App 中，这样就可以在便利店、商场、公交、地铁站等特定场景进行线下消费，中国移动不收取业务功能费。

此外，中国联通推出了同时支持近场支付和远程支付的移动支付产品沃支付。用户可以开通沃支付账户并预存资金，然后可以在中国联通的联盟商家和合作商家使用该账号，通过网络、短信和语音等多种方式进行远程支付，还可以通过到联通营业厅更换支持近场支付的SIM卡，开通手机钱包业务并下载相应的应用，然后将自己的银行卡添加到应用中，就可以在支持闪付功能的商家进行近场支付。

（四）云支付

云支付模式强调将云计算作为支付体系的架构，依托互联网和移动互联网，以云支付终端为载体，为个人、企业、商家等客户提供的新一代支付模式，它本身属于一种云服务。

中国银联推出的云闪付是一种类似云支付的模式。中国银联联合20余家商业银行共同发布云闪付，这一产品涵盖了之前闪付的功能并整合新产品，使用了NFC、HCE和二维码等技术，可实现手机等移动设备在具有银联“Quick Pass”标识的场景中进行线上、线下支付，同时也支持远程在线支付。云闪付系列产品采用了云计算技术，银行卡关键信息的生成、验证、交易监控都在云端完成。云闪付汇聚科技智能、无缝连接等特点，它便捷安全，覆盖生活中的每个角落，也因此将让用户的支付方式更加智能高效、畅通无阻。

云闪付需要用户拥有一部具备NFC功能的手机，然后在所属银行的手机App中绑定自己的银行卡，生成一张云闪付卡，最后去有银联“闪付”标识的POS机前靠近，输入密码即可完成支付。此外，云闪付支持银行卡闪付和二维码收付款，还能绑定可穿戴式设备进行闪付。

## 二、远程支付

远程支付也称线上支付，是消费者通过移动运营商的SMS（短消息服务）、WAP（手机网页支付）、IVR（互动式语音应答)、USSD（非结构化补充数据业务）等服务向远程商家传递支付信息，移动运营商通过手机号码来确认消费者，并通过手机手动发送的密码确认整个支付过程的真实性。

（一）短信支付

短信支付指的是通过发送短信的方式在系统短信指令的引导下完成交易支付请求，操作简单，可以随时随地进行交易。短信支付通过将用户的手机SIM卡与用户本人的银行卡或银行账号建立起联系。刚开始的时候这种支付方式还有不小的市场，相信大多数有过短信下载彩铃经历的手机用户应该看到过类似的信息："编辑歌曲名字发送到××××××短信订制彩铃业务；请发送短信KT到××××××（需留意短信回复）；取消：发送短信0000到××××××。"这算是我们国家最早的移动支付的雏形，也就是我们所说的短信支付。随着其他移动支付方式的成熟，短信支付很快淡出市场。但是现在短信在支付体系中还起着重要的作用，如用户常通过短信接收验证码，提交验证码从而完成交易。

最近一则关于短信验证码攻击的新闻刷爆朋友圈，引起大家的广泛重视，这也引发短信验证码是否安全的讨论。这种短信验证码攻击的犯罪行为使用了专业人士所说的"短信嗅探"技术，目的是希望通过盗刷、贷款盗走受害者账户里的钱。

（二）银行移动客户端

随着我国智能手机用户数量的不断增加，移动设备在用户生活中的重要性不断增加，这包括使用手机用于支付，绝大多数银行提供移动银行（Mobile Bank）应用供用户使用，用户可以通过手机客户端进行账户管理以及业务办理。此外，用户还可以使用移动互联网浏览器登录银行账户完成支付业务。这得益于智能手机的广泛应用，开启了用户使用手机应用的习惯，而使用手机应用进行支付可以让用户随时随地进行账户管理和支付业务，便利性大大提高，人们的生活和工作变得更加有效率。

（三）扫码支付

扫码支付（二维码支付）主要有两种收付款方式：一方面商家可以将自己的收款账号等信息生成二维码，并打印出来贴在收款处，用户通过打开支付应用扫描二维码并输入密码即可完成支付，用户也可以设置小额免密；另一方面用户可以在支付应用中打开自己的付款码，然后由收银员使用手持设备扫用户的付款码或者用户将自己的付款码在收银处的终端扫码完成支付。

二维码支付是我国目前最流行的移动支付方式，支付宝和微信支付都使用了这种支付手段。但是二维码也存在诸多弊端，安全性是一个很大的问题。起初，扫码支付主要使用静态扫码支付。静态条码指的是长久不变、一直有效的条码，如出租车、便利店会将静态条码贴在某处，只要用户拿出手机扫码就可以完成支付。这种静态码存在很多的隐患，因为二维码很容易被别人篡改，甚至加入木马或其他病毒，并且买卖双方均不易察觉，所以安全系数相当低。2018 年 3 月，我国出台了相关规定，从 2018 年 4 月 1 日起，所有的静态扫码支付单日限额设置为 500 元。这一规定旨在鼓励使用动态条码，每次收款或付款都会生成一个不同的动态二维码，这样不容易被替换和盗用，有利于保障双方的账户安全。本书前面提到的商家扫描应用生成的用户付款码就是动态条码。

## 第二节　支付宝

支付宝，是支付宝公司针对网上交易而特别提出的安全付款服务，其运作的实质是以支付宝为信用中介，在买家确认收到商品前，由支付宝替买卖双方暂时保管货款的一种增值服务。

## 一、支付宝的运营方式

### （一）营销策略

从创办伊始，支付宝就致力于为用户服务、为商家服务、为银行服务的营销策略，免费为用户提供各项服务，新商家入驻上限营业额提成，与多家银行开通卡通、U 盾合作等，以微利的姿态出现在商场之上，一举获得大家的认可。

### （二）用户价值体现

支付宝坚持用户价值的经营理念，以亲切便捷的交互界面为用户服务，无论是充值、交易，还是提现，一条链的服务在便捷服务的同时又保证了交易的安全进行，并且通过各种增值性服务和技术解决方案，在不断为用户提供方便的同时，为合作伙伴提供高效方便安全的链接接入手段。

### （三）沟通价值体现

支付宝注重问题的发现与解决，通过一系列手段的应用，快速便捷地为用户提供问题的解决通道。例如，在线客服中心分类解决问题、支付宝热线电话等。此外，支付宝独创的帮助中心，结合阿里学堂，以用户贡献加官方支持的方式为用户答疑解惑，不仅节省成本，而且为用户提供更具针对性的解决方案。另外，支付宝通过阿里巴巴的系列产品——阿里旺旺加深用户与商家的沟通交流，加快问题和矛盾的解决，缩短问题处理周期，是用高效的沟通加深用户价值核心的体现。

### （四）信誉体系

支付宝创新地提出了信誉管理评价体系，通过用户、商家、官方三方协调合作的方式营造出一整套的信誉管理评价体系，打破了一般网上交易的信任问题，加速了可靠的电子商务环境的创立，一定程度上解决了网上交易的信任危机。

### 二、支付宝的业务流程

第一步，网上消费者浏览检索商户网页。

第二步，网上消费者在商户网站下订单。

第三步，网上消费者选择支付宝平台，直接链接到其安全支付服务器上，在支付页面上选择自己适用的支付方式，点击后进入银行支付页面进行支付操作。

第四步，支付宝平台将网上消费者的支付信息，按照各银行支付网关的技术要求，传递到各相关银行。

第五步，由相关银行（银联）检查网上消费者的支付能力，实行冻结、扣账或划账，并将结果信息传至支付宝平台和网上消费者本身。

第六步，支付宝平台将支付结果通知商户。

第七步，支付成功后，由商家向网上消费者发货或提供服务。

第八步，各个银行通过支付宝平台向商户实施清算。

## 第三节　微信支付

微信支付是集成在微信客户端的支付功能，用户可以通过手机完成快速的支付流程。微信支付以绑定银行卡的快捷支付为基础，向用户提供安全、快捷、高效的支付服务。

### 一、微信支付的业务流程

第一步，商户后台系统根据微信支付规定格式生成二维码，展示给用户扫码。

第二步，用户打开微信“扫一扫”（图 2-1）扫描二维码，微信客户端将扫码内容发送到微信支付系统。

**图 2-1 扫一扫**

第三步，微信支付系统收到客户端请求，发起对商户后台系统支付回调 URL 的调用。调用请求将带产品编号（Product ID）和用户的数字身份识别框架（Open ID）等参数，并要求商户系统返回交易数据包。

第四步，商户后台系统收到微信支付系统的回调请求，根据产品编号生成商户系统的订单。

第五步，商户系统调用微信支付“统一下单 API”请求下单，获取交易会话标识。

第六步，微信支付系统根据商户系统的请求生成预支付交易，并返回交易会话标识。

第七步，商户后台系统得到交易会话标识预支付交易码(2小时内有效)。

第八步，商户后台系统将预支付交易码返回给微信支付系统。

第九步，微信支付系统根据交易会话标识，发起用户端授权支付流程。

第十步，用户在微信客户端输入密码，确认支付后，微信客户端提交支付授权。

第十一步，微信支付系统验证后扣款，完成支付交易。

第十二步，微信支付系统完成支付交易后给微信客户端返回交易结果，并将交易结果通过短信、微信消息提示用户。微信客户端展示支付交易结果页面。

第十三步，微信支付系统通过发送异步消息通知商户后台系统支付结果。商户后台系统需回复接收情况，通知微信后台系统不再发送该单的支付通知。

第十四步，未收到支付通知的情况，商户后台系统调用“查询订单 API”。

第十五步，商户确认订单已支付后给用户发货。

## 二、微信支付的特色分析

微信支付的特征是能够处理任意小量的钱，适合于因特网上不可触摸（Non-tangible）商品的销售。微信支付要求商品的发送与支付几乎要同时发生在因特网上。微信支付同传统的电子商务支付不同，具有其自身的特点，总的来说具有以下几个特点。

### （一）交易额小，交易频率高

微信支付简称微支付，顾名思义，微支付的首要特征是能够处理任意小量的交易额。一般交易中所购买的商品价格通常为几十元甚至更少，不像传统支付通常一次交易的金额比较大。也可能正因为交易额小，其交易的频率要比传统的电子商务要高。

(二) 安全性需求不高

微信支付本身的交易额一般都很小。在这种情况下即使交易过程中有关的支付信息被非法截获、窃取或者是篡改，对交易双方的损失也不大，对安全性的需求就不如其他电子支付那么严格。

(三) 交易效率高

由于微信支付交易量很大，要求微信支付系统有较高的交易效率，使得消费者的交易请求得到即时满足。

(四) 交易成本低

由于小额交易的价值本身就很小，如果采用传统的支付方式，那么商家根本就无法赢利，这就要求采用微信支付机制的交易费用非常低。

# 第三章　电商运营的客户管理

## 第一节　回复买家留言

想要让买家对店铺流连忘返，买家留言的重要性则不容忽视。买家留言对于卖家来说是一次绝好的沟通机会，不仅可以解答买家的疑惑，更能宣传店铺，为店铺带来更多的流量。那么，卖家要怎样正确对待买家的留言呢？那就是处理好买家的留言，并作出认真及时的回复。

### 一、怎样回复买家留言

很多买家在看到心仪的宝贝后都会选择咨询卖家客服，但有时候客服并不一定都是在线状态，买家也并不一定有足够的时间与客服聊天沟通。这时候，很多买家会选择给卖家留言。说到留言，大部分人会想到淘宝旺旺。的确，买卖双方可以通过在阿里旺旺上发送即时消息而取得联系，即便对方不在线，也可以查看离线消息或历史聊天记录。当卖家想要查看离线消息时，只要登录阿里旺旺，系统就会自动弹出买家的离线信息。此外，卖家还可以通过点击“菜单”里的“聊天记录”查看离线消息。

接下来，在文本输入框中输入卖家想要回答的内容，然后点击“发送”即可。

其实，买卖双方的交流途径不只局限在旺旺上。淘宝上的很多平台都提供交流服务，如店铺交流区和商品留言区。打开店铺首页，最下方的就是交流区，很多买家会在这里给卖家留言，询问宝贝或交易的相关问题；商品页的最下方就是交流区，买家也可以在这里就宝贝的具体情况来进行留言，卖家也可以针对这些留言作出相应的回答。

另外，卖家可以登录淘宝网，点击“站内信”。进入站内信页面，查看信件，看是否有未读信息。

如果卖家想给某人发送站内信，点击“写信件”就可以了。在“发送新信件”页面，填写对方的淘宝账户名、信件主题和内容，然后点击“发表”。

此外，有很多新手卖家反应，店铺后台“宝贝留言”里的留言信息，怎样点击都查不到具体内容，遇到这种情况时应该怎么办呢？

首先，卖家要点开“我的淘宝”，在“我是卖家”选项里选择“宝贝管理”下的“宝贝留言/回复”。点击“宝贝留言/回复”以后，点击“宝贝名称”下的任意一条，就进入了宝贝详情页面。点击最后的“留言簿”，就可以查看买家的留言了。

## 二、及时回复买家留言

买家留言说明他已经有了相对明确的购买意向，而留言和回复本身也是对店铺的一种宣传，因此，大家一定要积极回复买家的留言，不要让顾客等得太久而产生厌烦心理，如果不及时联系买家，买家就很有可能放弃本次购买，从而使卖家失去了一次交易机会，很可能也失去了一次大的商机。此外，在回复时，除针对买家的问题进行详细解答之外，在最后也要给出一个明确肯定的答复，消除买家的顾虑，增强他的购买欲望。

## 第二节 巧妙解决买家的疑虑

### 一、注重与买家沟通

想要消除买家的疑虑，就需要做好沟通交流，善于倾听，为买家提供现实有效的解决方法。

主动引导买家心理，让买家确信自己购买该商品的行为十分明智。

用良好的态度耐心与买家沟通，循序渐进地消除买家的疑虑。

如果该商品对买家来说是新鲜事物，那么先弄清楚买家的心理需求，然后在介绍商品时尽可能选择能够满足买家需求的点。

### 二、注意维护店铺信誉度

店铺及产品的可信度对解除买家的疑虑非常有必要，可从以下几个方面入手。

#### （一）媒体、名人效应

卖家可以通过相应的媒体报道来增加自己产品的可信度。随着网络的不断普及，人们越来越关注媒体效应，因此有媒体报道的保证，买家也就可以放心购买了。此外，名人效应也是不容忽视的，使用名人代言既可以增加产品的可信度，又能拓宽商品的购买人群，可谓是一举两得。

#### （二）工艺流程

很多买家的疑虑源自于对产品质量的质疑，因此想要消除买家的这一担忧，最好的方法是展现出本产品的整个工艺流程，并将其优势和特点重点突出显示，以此证明本产品的质量绝对有说服力。

（三）评价展示

很多买家在购买产品前，一定会去评价栏看一下，若是好评率高的话才会购买，对于没有评价的产品，常常持怀疑态度，很有可能放弃本次购买。因此，卖家要把其他购买者的动态评分、宝贝评价展示出来，以此证明自己产品的可靠性，消除购买者的疑虑。

（四）展示检测报告

很多买家对产品的材料不是很清楚，仅靠卖家的描述并不一定能取信买家。因此，卖家若能展示产品的质检报告，则可以大幅度打消买家的疑虑，提高产品的购买力。

## 第三节 积极留住买家

淘宝网店开张，最重要的就是吸引买家进入店铺，促成购买。如果买家在店铺停留的时间足够长，买家购买商品的机会就非常大。那么究竟该如何留住买家的脚步呢？

### 一、巧妙装修，引人眼球

店铺的装修就是整个网店的门脸，一定要找到适合自己店铺的模板，最好能一下子就吸引住顾客的眼球。新颖独特的设计会让那些没有购买需求的顾客驻足欣赏一番，这样不仅增加了客流量，也加大了产品销售出去的可能性。

### 二、抓住时机，快速回复

当买家主动发起会话时，则说明他很可能是目标性很强的顾客，这时，卖家一定要抓住时机，快速回复，因为买家不会“在一棵树上吊死”，一定会从多个店铺精心挑选自己想要的产品，同时发送相同的问题，回复快的卖家就能抓住时机，留住买家的脚步。

### 三、轻松聊天，愉悦顾客

在与买家聊天时，一定不要死板应付，人的感情是最为敏感的，虽然看不见本人，但从语言的表达方式上，买家依然能感受到卖家的真实态度。所以，在与买家聊天时，一定要轻松幽默，主动介绍产品的时候要时刻为买家着想。卖家还可以使用旺旺的聊天表情，让买家感受到卖家的诚恳和细心，从而留住买家犹豫的脚步。

## 第四节　管理不同类型的买家

当卖家开网店时间久了之后，会积累大量的买家资料，而卖家则需要把他们添加为联系人，然后整理归类，这样就能更方便地管理不同类型的买家了。以下有九种买家类型，可根据其特点制定相应的策略。

### 一、原则型买家

原则型买家做事比较有原则，他们通常都拥有较高的教育背景，责任感强，在购买东西前也比较理智，常常会仔细研究想要买的商品后才会择优购买。这类买家最看重产品的质量和自己的需求，因此，他们一旦下定决心购买，肯定会及时付款并给予好评。原则型买家可以说是多数卖家最喜欢的顾客。

对于原则型买家，卖家一定要学会打动他们的心，知道他们想要买什么，用自己的专业知识为他们讲解产品的优缺点，从而帮助他们确定购买。注意，千万不可强行推销，因为这样会引起他们的反感。用理性的态度提供高质量、有保证的商品，给予他们最想要的，这才是管理这类买家最好的方法。

## 二、挑剔型买家

挑剔型买家砍价狠，既挑剔又事多，只要有一点不满意的地方就会给差评，这种类型的买家是让所有卖家最头疼的客户。他们最关注的往往是价格而不是质量，在评价时也会找各种理由给中差评来威胁卖家以获取赔偿。

对于这样的买家，建议卖家最好不要接下生意，因为他们一味地要求，一味地挑剔，卖家往往会费力不讨好，最后得不偿失。如果不得不接下生意，切记要保留聊天记录、发货记录和图片等证据，在日后对方无理纠缠时可以用到。

## 三、冲动型买家

冲动型买家购买的物品一般并不是自己真正需求的东西，他们在购物时凭的是一时冲动，没有计划可言，完全靠直觉购买。那些新类别、新产品往往会吸引他们的眼球。这类顾客不会反复对比商品，他们买下的一般是自己接触到的第一件合适的宝贝，所以购买速度很快。

对于这种类型的买家，卖家一定要使自己的商品让他们一看就有购买的冲动，外观、质量和广告宣传一定要做好，商品描述和店铺装修也是需要重点关注的地方。

## 四、舆论型买家

这类买家在打开某个商品页面之后，一般不会观察宝贝的特点和质量，而是查看该宝贝的交易次数和评价。他们最关心的是其他人怎么看待这件商品，在购买时也很容易受他人的影响。舆论型买家追崇的是“大家好才是真的好”。

对于这种类型的买家，店铺的客服一定要做足正面暗示的工作，尽量给他们展示出商品的功能以及大众的正面反馈；外界的广告宣传也是不错的选择，可以让他们踏实安心地购买产品。

## 五、上帝型买家

上帝型买家讲究的是“顾客就是上帝”，他们把自己放在最尊贵的位置，认为自己的想法都是对的。这种类型的买家常常活在自己的世界里，一旦发现自己没有受到重视，就会产生强烈的抵触心理。

对于上帝型买家，卖家要尽量顺从他们，让他们有被重视的感觉，对于他们的言论也要尽量表示赞同，鼓励他们畅所欲言，抓住机会进行有力推销，往往会获得意想不到的惊喜。

## 六、谨慎型买家

同在实物店购买相比，网购仍然存在一定的缺陷，于是，谨慎型买家就出现了。这类买家往往疑虑重重、谨小慎微，挑选宝贝时摇摆不定，大多会因为犹豫而中断购买，即便是购买了也会怀疑自己上当受骗。

对于这种类型的买家，卖家一定要给予他们安全感和信任感。客服在聊天时要多使用表情符号，让买家感受到自己的热情和笑脸，排除其紧张的情绪，从而放松下来。同时，卖家客观认真介绍自己的产品。此外，卖家还可以利用外在证据表明自己的实力，例如把进货单和实体发货单拍照发到网上，让所有买家都放心购买。

## 七、习惯型买家

这类买家针对的往往是具有独特性的商品，例如充值卡、游戏卡等。买家在第一次购买之后，往往为了方便而习惯性地再次光顾购买。在这样的购买方式下，买家一般不会受他人的影响，也不会和卖家做过多的沟通，整个交易过程简单迅速，无需等待，因此买家的购买黏性极高，成为了习惯性购买的客户。

习惯型买家也是卖家们最喜欢的顾客之一，如果想要留住这样的买家，就要保持自己店铺商品的特性、质量和服务，还要时常了解客户的需求以及产品购买和使用情况，不要轻易转型，因为这样很容易丢失像习惯型买家这样的客源。

## 八、情感型买家

情感型买家最看重的就是感情，这种买家往往和卖家有很深的交往，注重情感的传递，一旦同卖家产生情感共鸣就会成为其忠实的客户。

情感型买家通常流失率比较低，卖家一定要为自己的店铺打造出合适的品牌文化和感情氛围，在沟通交流时也要让买家感觉到彼此的关系已经超出了交易的范围。对于这种类型的买家，要时常与其保持联络，在特殊节日也要送上小礼物表达自己的祝福，这样更容易拉近与买家的距离，使其成为忠实客户。

## 九、随意型买家

随意型买家不是没经验就是没主见，不是随便购买东西给自己就是奉命帮他人买东西，他们喜欢听其他人的意见，希望得到客服的帮助，对商品也不会做过多的挑剔，很少会去检查商品的质量问题。

对于这样的买家，卖家一定要做到心中有数，根据自己的专业知识和实际经验提出意见，帮买家拿定主意。尤其是当买家主动上门询问时，卖家一定要提出中肯有效的建议，这样既节约时间，又可以增加买家的信任感，提高购买黏性。

## 第五节 将别人的客户转化为自己的客户

淘宝讲究的是自由贸易，一家店铺独卖某种商品的情况是极少出现的。但在生意场上，竞争者既是对手也是师傅，甚至能够帮助卖家，让卖家少走弯路。那如何将大店铺的客户转化为自己的客户呢？只要收藏了这些同类商品的大店铺，然后观察一下收藏这件商品的买家，卖家就能明白哪些买家需要这样的产品。那么只要卖家的产品质量更好或价格更低，或者服务更周到，总之，只要有一点小小的优势，卖家的店铺就可以跟这些大店铺共享客户了。想要把别人的客户转化为自己的客户具体需要怎么做呢？

### 一、选择关注内容

打开关注的店铺，卖家可以多观察一下这些店铺的“宝贝推荐”和买家“累计评论”等，分析最近的热卖商品。假如这些店铺没有最新的热卖商品，那么卖家就要抓住时机，及时进货，同时利用买家留言进一步了解买家的需求。

其实，可以观察研究的地方有很多。例如，店铺商品可以了解该店铺的价格和运费等；买家评论可以展现哪些宝贝是最畅销热门的；店铺留言能反映该店铺缺哪些宝贝，若卖家的货源充足，就很容易抓住商机；店铺公告则让卖家了解该店铺当前的促销活动和手段，从而吸取经验和教训，少走弯路。

## 二、管理收藏店铺

当卖家收藏的店铺越来越多时，就需要对这些店铺进行分类管理，以便于日后查找。单击“自己为店铺分类”的超链接，打开填写标签的页面。

在“标签”栏里输入宝贝的分类名称，如男装/男士精品等，单击“确定”按钮，就可以在“店铺收藏”里看到自己的分类了。

利用上面的方法，还可以通过编辑“标签”把店铺移到“重点关注”店里。

另外，在“标签”区点击“未使用标签”就可以找到没有分类的店铺了，点击店铺下面的“标签”即可把其移到相关的分类中。

# 第四章　直播营销

## 第一节　直播营销的创新

### 一、直播电商营销模式的创新点

随着移动互联网的普及和发展，直播成为近年来最火热的词汇之一，“直播”一词一再登上热搜榜。直播的崛起，为移动互联网的发展开启了一扇新的大门。

随着相关技术的发展，直播也逐渐摆脱了单一的模式，即将步入“直播+”时代，其中的“直播+电商”尤为引人注目。

相较于PC端的秀场直播来说，“直播+电商”有很大的不同。该模式立足于一个垂直的社会化的电商平台上，其直播基因与目标受众能达成完美的契合，也能让电商和内容实现有效的衔接，降低互动传播成本，拓宽传播渠道。它为每个主体提供展示个性的平台和机会，吸引认同者，汇聚追随者。

### 二、直播电商营销模式创新必备条件

那么，具体来说，“直播+电商”模式所具备的发展条件是什么呢？对其进行详细分析，具体有以下几个条件。

（一）T2O模式日渐丰富

目前，我国的网红经济异常火爆，直播内容较为丰富，直播模式日渐流行，移动网络逐渐普及，消费水平日渐提升，这

些都让T2O模式变得更加丰富，为“直播+电商”的发展创造了一个良好的社会环境。

（二）直播主导者发生了转变

在以前，“直播+电商”的主导者是各个电视台或者视频网站，而目前，其主导者已经转变成了各个主流电商平台。在这样的转变下，电商直播的结果一定与之前有很大的差异。以各主流电商平台为主导的“直播+电商”，立足于基础用户和商家，缩短了产品和用户之间的距离，提升了商品的变现效率，还大大增强了用户黏性。

（三）“直播+电商”自身发展优势

对于各大电商平台来说，构建流量闭环是一件梦寐以求的事情。以淘宝为例，在淘宝的三大战略中，其中社区化和内容化的最终目的都是为了构建流量闭环。在“直播+电商”模式中，通过直播，商品和人之间的距离缩短了，商品变现效率提升了，人对平台的黏度增强了，流量闭环的构建也因此完成了。

对于网购用户来说，最纠结的一个问题就是选择太多，不能对商品进行真实感受，难以决断。而在“直播+电商”模式中，直播具有真实性和客观性，能够将商品的性质和特点真实、客观地反映出来，为用户决断提供有效的依据，还能提升网购的乐趣。

对于商家来说，在“直播+电商”模式中，通过直播能够为其产品做免费宣传，吸引消费者，提升商品的变现效率，增加销售额。

目前，直播的异常火爆，为电商的发展以及经济的发展带来了新的机遇。和传统的电商不同，“直播+电商”借助于互联网经济互动化、生活化、场景化等优势，将商品和用户直接联系在一起进行闭环引导，构建一个完整的变现模式。在该模式下，无论是转换交易成果还是引流效果都非常好，表现出了其他模式不具备的优势。

同时，对于消费者而言，网购最大的缺陷就是不能进行真实的体验，从而增加了决断的困难性。“直播+电商”则很好地解决了这一问题，通过直播将产品更加客观、真实地展现在消费者面前，为消费者决断提供了可靠的依据。

此外，对于商家来说，“直播+电商”能帮助其降低成本、增加流量、增加收入等。

从目前的形势看，“直播+电商”创新了电商的营销模式，为电商的发展提供了一个新的思路，为直播变现提供了一种新方法。

目前，在“直播+电商”领域中，淘宝、蘑菇街和聚美优品各占一席之地，淘宝聚划算直播以明星为切入点，聚美优品和蘑菇街的直播则以网红为切入点。

无论策略如何、方法如何，“直播+电商”的模式已然兴起。

## 第二节 直播营销的商业营销模式

### 一、电商平台上线直播功能

典型案例是淘宝直播和天猫直播。天猫上线直播功能后，该平台上的美宝莲店铺在 2015 年“双十一”期间，出售的口红商品总体规模达 9 万支，此次直播以网红为主；当红明星杨颖（Angelababy）于 2016 年 4 月在天猫进行了直播，美宝莲仅用 2 小时就售出 1 万支口红，这次是以明星为参与主体的直播活动。

杜蕾斯于 2016 年 4 月 26 日开启直播，观众数量超过 10 万人，3 个小时的直播结束后，杜蕾斯的流量规模增长了 1/5，此为品牌策划并执行的直播。

无论是哪种直播形式，都能在短时间为商家带来大规模流量，促使其推出爆款产品。

在这里要明确一点，上述直播形式如果是应用于淘宝之外的电商平台，也不会因为平台实力有限而降低其影响力。原因在于这类直播的运营是以明星或品牌为核心的，类似于现在很多电商平台联手明星进行产品推广，或与品牌商进行合作。

从电商平台发展的角度来说，与直播形式的结合不会从根本上颠覆其运营模式，因为平台运营的商品不会改变，推出直播功能的目的是吸引用户进店，与传统广告之间没有太大区别，即便上线直播功能，多数电商平台也不会改变原有的商品体系。

淘宝直播的内容具有多元化特征，包括娱乐、美妆、服饰等，不过在现阶段，手机淘宝中的淘宝直播不是太引人瞩目，用户体验的评价普遍较低。

在这类模式下，用户主要跟随主播走，当主播从一个平台转向另一个平台时，用户也会随之发生迁移，而不会继续停留在该平台。

## 二、直播平台与电商平台合作，为其提供流量

现阶段还未出现这方面的典型案例。不少直播平台认为，直播与电商相结合的模式确实是十分有效的盈利方式，但如今仍有很多直播平台坚持采用传统运营模式。他们对此持保守态度的原因是，向电商化方向发展需要消耗大量成本，很可能最终达不到理想效果。

对观看直播的受众来说，如果主播进行产品营销，很可能引起他们的反感。因此，涉足电商业务后，可能导致直播平台原本积累的用户严重流失，给直播平台的后续发展带来困难。

# 第五章 活动营销

## 第一节 “聚划算”

“聚划算”是淘系规模中爆发力最强的营销平台，汇聚了数量庞大的用户流量，具有非常可观的营销效果。商家通过参加该活动，可以获取超过店铺日销数倍的营销数据，获得更多的收益。作为淘宝卖家，必须熟知“聚划算”的各项知识，做好参加“聚划算”的准备。

### 一、入驻“聚划算”的条件

“聚划算”对招商商品的要求较严格，除基础招商标准外，还对不同类目的商品做出了不同的要求。招商商品通常需要缴纳一笔保证金和基础费用，“聚划算”将按照不同类目的费率进行收费。

这个标准不仅适用于“聚划算”，还通用于“聚名品”“非常大牌”“全球精选”“量贩优选”“淘抢购”“品牌Outlets”“男得好货”“天猫超级品牌日”“天猫小黑盒”“天猫超级品类日”等活动。除本标准相关要求外，报名商品还需符合所报具体业务活动的招商标准，具体业务的招商标准有特别规定的，从其规定；无特别规定的，按照本标准执行。

### 二、了解“聚划算”的参聚类型

“聚划算”主要包括商品团、品牌团、聚名品、聚新品、竞拍团。

(一) 商品团

商品团是一种限时特惠的体验式营销模式，具有坑位数多、参聚概率相对较大、主团展示、流量稳定的特点，它还有最佳的爆款营销渠道和最低成本的用户获取方式，可以帮助卖家快速规模化地获取新用户。商品团的报名流程主要包括选择活动、选择商品、选择坑位、填写商品报名、商品审核、费用冻结、上团前准备 7 个阶段。

(二) 品牌团

品牌团是一种基于品牌限时折扣的营销模式，通过品牌规模化出货可以快速抢占市场份额，提高品牌认知度。品牌团的报名流程主要包括品牌报名、商品报名、上团准备 3 个阶段。

(1) 品牌报名。品牌报名包括商家报名、系统审核、素材提交 3 个流程。商家需要在每月的 4—12 日选取对应类目的品牌团报名入口进行报名，并在其中填写品牌名称、期望上团日期、报名类目等信息；系统审核的时间为每月的 13—15 日，由系统根据商家分值进行排序，择优录取，审核内容主要包括日均店铺成交额、店铺 3 项 DSR 评分、历史参聚表现、旺旺响应速度等；素材提交主要包括品牌营销 Logo、品牌营销 Banner、品牌入口、流量入口图、无线 Banner、新版品牌入口、品牌主题、品牌故事介绍（PC 端）、品牌故事介绍（移动端）等内容。

(2) 商品报名。品牌团商品报名与商品团报名步骤一致，商品审核与商品团二审类似；若商品审核不通过，在商品审核时间截止前商家可重新补报商品。品牌团建议参团商品数为 6~80 款，以实际最终参加活动的商品数为准。

(3) 上团准备。品牌团上团准备工作与商品团一致。

### （三）聚名品

聚名品是一种精准定位“中高端消费人群”的营销模式，以“轻奢、超潮流、快时尚”为核心定位，聚集高端品牌，佣金收费方式较灵活，具有单品团、品牌团多种玩法。聚名品的招商对象为符合聚名品规则要求的天猫旗舰店、旗舰店授权专营店、天猫国际旗舰店、全球购（需认证）、淘宝集市店铺，适合参与聚名品的主要类目包括男装、女装、男鞋、女鞋、运动、户外、母婴童装、美妆、箱包、服装配饰、眼镜、家居等。

符合聚名品招商的品牌可以申请加入聚名品品牌库，店铺加入聚名品商家库；加入成功后即可选择“聚名品”频道类型，选择所有聚名品可报名的活动。

### （四）聚新品

聚新品是新品营销效率最高的平台，可以快速引爆新品类及新商品，快速积累新用户群体，形成良好的口碑传播。聚新品适用于高潜力、高增长的新品类、国际品牌、国内知名品牌、知名淘品牌，营销能力强且具备规模化的供应链及服务能力的大中型商家以及创新设计、创意概念、创新技术应用、属性升级的商品。聚新品采用保底+佣金+封顶的收费模式，每月两次集中报名、集中审核，要求商品没有销售记录或在10件以内，且备货量为30万~40万件。淘宝小二根据品牌影响力、店铺日常运营能力、投放计划、销售预估、价格优势等指标进行选择。

### （五）竞拍团

竞拍团是一种适合中小卖家快速参聚的营销模式，它通过市场化的竞价方式，增加中小商家的参聚机会。参加竞拍团的卖家需要通过聚划算首页进入竞拍报名阶段，找到竞拍坑位入口，然后选择店铺优秀款提交商品，进入提交商品流程，填写价格和数量。审核通过后，商品即为待排期状态，并可进入竞拍大厅参与竞拍，对商品进行出价。竞拍成功后可以在保证金页面或者宝贝管理页面支付保证金。

“聚划算”竞拍团的竞拍模式为暗拍模式，基本规则是出价最高的商家获得坑位，但是只需要支付第二高的价格，例如，3 个人在参与一个“坑位”的竞拍，出价分别是 5 000 元、4 000 元和 3 000 元。那么出价 5 000 元的商家将获得这个坑位，但是只需要支付 4 000 元的价格。

## 三、“聚划算”的竞品准备

“聚划算”作为淘宝的一个优质团购平台，对参选商品的甄选十分严格，因此商家在报名参加“聚划算”相关活动时，必须提前做好选品准备。

### （一）适合参选活动的商品分析

商品价格、属性、流行趋势、转化、货源等都是参选商品应该考虑的要素。一般来说，检测商品是否符合参选条件，可以通过数据分析工具进行分析，如使用生意参谋可以先分析行业情况，再分析自己店铺的商品情况。

（1）价格。价格分析通常包括两个方面，一方面是价格选择，另一方面是价格利润空间。价格选择需要分析当前类目下同类商品的主要成交价格和平均价格。例如，在女装 T 恤类目下，成交量最高的价格区间是 50~100 元，平均价格为 65.7 元，这个数据就表示 50~100 元区间的 T 恤销量更好，而平均价格低于 65.7 元的 T 恤更容易成功报名参加活动，也就是说报名活动的价格要低于行业均值。价格利润空间是指价格在满足低于行业均值的前提下，商品是否还有利润空间。卖家报名参加活动不仅是为了提高转化率和销量，也为了提高销售额。

（2）属性。分析商品属性实际上就是分析商品是否热销。依然以女装T恤为例，通过数据分析工具分析T恤哪种材质成交量高、哪种风格成交量高、哪种版型成交量高、哪种元素成交量高、哪种领型和款式成交量高、哪种面料和颜色成交量高、哪种衣长和袖长成交量高等，T恤与热销元素符合度越高，说明消费者接受度越高。

（3）流行趋势。如果当前时段某商品呈现某种流行趋势，则具备该趋势的商品会很容易被消费者接受。例如，在美妆类目下，当前十分流行泡沫洁面、气垫CC，那么该类型的商品就容易被消费者接受。

（4）转化。转化是影响消费者购买的重要因素，有1人购买的商品和有100人购买的商品，后者更容易得到消费者信任。也就是说，选择转化率较高的优势商品作为活动商品，更容易带动销量。

（5）货源和客服。充足的货源准备和优秀的客服都是引爆销量的必备条件，否则有买家上门，但商品缺货，或者客服反应不及时，都会直接造成客户流失。

（二）在店铺中选择适合参选的商品

为了保证销量，活动的参选商品一般选择店内的热卖商品、优势商品，同时还要满足应季、款式好、有利润、有足够库存等条件。如果从数据的角度分析，也就是选择支付转化率高、点击率高、商品货源有保障的商品。分析店内商品可以查看直通车中的数据，即加入购物车率和收藏率；也可以使用生意参谋分析单品的支付转化率和点击率。

（1）支付转化率。商品的支付转化率越高，表示买家下单的概率越大。店内商品的支付转化率，可以通过生意参谋“商品分析”中的“商品概况”来查看和分析。数据显示，有些商品虽然访客数很高，但下单转化率却比较低；而有的商品虽然访客数不高，但下单转化率却比较高。活动商品通常选择支付转化率高于行业均值的商品。

（2）点击率。选择点击率高的商品，是为了在活动中获得更多的流量。参加活动的商品，活动时间和活动流量有限，尽可能增加流量才能实现收益最大化。店内商品的点击率可以通过生意参谋“商品分析”中的“商品效果”进行查看和分析。

（3）商品货源有保障。货源是活动商品必须考虑的因素。一般来说，活动商品在货源选择上需要具备尺码标准、颜色符合买家喜好、质量好等特点。标准的尺码可以缓解客服压力，避免咨询太多、客服回复不及时造成的买家流失。颜色的选择一定要符合商品属性分析出的数据，即商品颜色应该是成交量最高的颜色或包含成交量最高的颜色。质量是活动商品需要重点注意的问题，卖家参报活动的目的并不只是冲销量、提高销售额，还包括客户的积累，质量好的商品不仅不会造成太大的售后压力，还能为店铺带来更多的回头客。

### （三）活动商品备货

参加活动的商品，一定要保证库存稳定。库存不稳定的商品将为店铺带来很多不利的影响，如库存不足或发货时间无法保证，活动平台将根据规定取消卖家的活动参加资格，并限制卖家下次参报该活动的时间。此外，发货时间延误不仅需对买家做出相应赔偿，还会对店铺权重产生影响。如果活动商品缺货、缺码，会给买家带来糟糕的购物体验，不利于店铺会员营销活动的开展。

为了保证活动期间商品发货井然有序，商家需提前做好发货准备。

（1）清点入库。清点入库主要是指清点商品的尺码和颜色，准备多少件，各有多少件，做到有备无患。

(2) 质检打包。提前做好商品的质检和打包，可以避免很多售后问题，节省发货时间，提高物流质量。在进行商品打包时，可以分开设置不同的商品尺码和颜色，方便直接发货；这样即使发货量大，也能做到有条不紊。

## 第二节 “天天特价”

### 一、参加“天天特价”吸引顾客

淘宝的“天天特价”主要是帮助小卖家促进销售而开展的营销活动，小卖家要想增加销量，很多都会选择参加“天天特价”。

但是，“天天特价”对卖家的店铺和宝贝都有一定的要求。

#### （一）店铺要求

卖家信用须为一心到五钻；店铺的开店时间要在 90 天以上；店铺必须加入“消费者保障服务”和“七天无理由退换货”；店铺评分三项指标描述相符、服务态度和发货速度都要在 4.6 以上；没有炒作嫌疑等。

#### （二）宝贝要求

宝贝价格不能高于全网均价，也不能先提价再打折；报名的宝贝数量要在 50~300 件；在报名时间近 30 天内，宝贝交易量要在 10 件以上，不能炒作销量；包邮；宝贝应是应季商品等。

### 二、参加“天天特价”活动

第一步，登录淘宝网，打开淘宝首页，通过页面右上角的

“网站导航”找到“特色购物”下面的“天天特价”，点击进入。

第二步，点击右侧的“商家中心”项下的“商家报名”。

第三步，进入报名页面后，选择报名日期和主题。

第四步，进入商品信息填写页面按要求填写内容，然后点击“提交申请”就可以了。

参加“天天特价”，需要注意的是，一个商家在一天之内最多报名 2 款商品，每个场次最多出现一款商品；一个商家在 4 天之内，只能参加一次活动。同一商家在报名一个场次之后，不能在 15 天之内报相同的商品。

## 三、参加“天天特价”的流程

1. 选款备货

一定要把货物准备充分，确保货物能够在 3 天内发送，否则买家购买体验将会受到影响。将大部分商品先打包，把快递单准备好。

2. 初审期间维护

初审是机审，系统会根据商品和店铺的综合评分来排序，选出最好的商品参加活动。因为“天天特价”活动十分严格，所以卖家在参加之前一定要对自己商品的报名成功率进行评估。评估的内容要包括店铺动态评分、最近的商品转化率和中差评等因素。

在初审期间要保证稳定的商品转化率，确保销量不少于 10 件，并且要时刻跟进初审情况。

3. 客服响应

客服到位，设置回复的快捷键，以便于在繁忙期能够及时回复顾客询问。

4. 关联销售的准备

（1）搭配套装的商品价格要有一定的优惠力度。

（2）搭配套装的商品与活动商品要有关联度，最好是买家在参加活动时很快想到的。

（3）完善宝贝详情页，将买家可能会问到的问题事先添加到宝贝描述里，这样可以在之后减轻工作人员的压力。

5. 活动预告

在微博、旺旺等媒体上预告自己店铺的商品参加活动的时间和价格，在店铺里也做好活动预告。

6. 电脑维护

提前做好电脑的维护，确保在活动期间流量大量涌入，电脑能运转正常，不死机。

7. 其他工作

活动期间，旺旺一定要确保在线，这样能够及时答复买家疑问。

在活动结束以后进行做定期回访，了解顾客的收货情况，遇到问题及时处理。

总结问题，找出出现问题的环节，然后纠正。

## 第三节 “淘金币”

“淘金币”是淘宝网的一种虚拟积分，是淘宝用户的激励系统和通用积分系统。淘宝平台向活跃的高质量用户奖励金币，买家在提供抵扣的商品交易中使用金币获得折扣，卖家在交易中赚取金币，并通过支出金币来获得平台流量，提升店铺用户黏性。

“淘金币”是淘宝网非常大的流量营销平台，具有 UV（独立访客）量高、用户黏性好、超高转化率、成本低廉等特点，是十分受淘宝卖家青睐的一种日常营销活动。为了帮助广大卖家朋友掌握淘金币的基本操作并提高营销效率，本节将对

“淘金币”的相关知识进行介绍。

## 一、“淘金币”的作用

根据“淘金币”的获取途径不同，淘金币有不同的作用，分别介绍如下。

1. “淘金币”抵钱

全店支持买家使用淘金币抵扣部分商品金额，促成买家下单，提高店内的成交转化率。设置淘金币抵钱将有机会获得淘宝会员俱乐部的展示位。

2. 店铺签到送“淘金币”

对进店签到的买家赠送淘金币，使买家持续进店浏览，提升买家的黏性，提高复购率。

3. 收藏店铺送“淘金币”

对收藏了店铺的买家赠送淘金币，提升店铺收藏人气，为买家的回访和回购创造条件。

4. “淘金币”活动

淘金币活动是淘金币营销平台为卖家提供的活动入口，包括超级抵钱、金主专享日两种。超级抵钱是卖家通过高比例抵扣获得商品展示的机会，以获取流量来培养基础销量，打造小爆款。金主专享日是淘金币每月将针对淘金币金主组织的大型营销活动，商家可报名20%抵扣或99%高额抵扣，为店铺引流，并快速赚取金币。

## 二、参加淘金币的要求

淘宝网规定，申请加入淘金币的卖家须同时符合以下条件。

### （一）店铺基础要求

淘宝卖家、天猫商家和天猫国际商家的店铺基础要求如下。

1. 淘宝卖家

（1）符合《淘宝网营销规则》。

（2）店铺开通卖家淘金币账户，并设置全店抵扣。

（3）店铺淘金币数量≥0。

（4）符合淘宝各类目的行业资质标准。

（5）因出售假冒商品（C类）被处罚的卖家，不得报名。

（6）店铺内非虚拟交易占比≥90%，虚拟类目（如本地生活、房产、卡券类等）除外。

2. 天猫商家、天猫国际商家

（1）符合《天猫营销活动报名基准规则》。

（2）符合天猫各类目的行业资质标准。

（3）因虚假交易被违规扣分达48分及以上的卖家及商品，永久限制参加营销活动；其他因虚假交易被违规处理的卖家及商品，限制参加营销活动90天。

（二）商品基础要求

（1）基本资质。

（2）淘金币抵扣比例（淘宝）≥1%。

（3）活动结束后的15天内不得以低于参与淘金币活动的折扣价（淘金币抵扣后）报名其他营销活动或在店铺内进行促销。

（4）商品图片、标题与详情。

（5）图片像素为600像素×450像素，1兆以内。不允许出现水印、Logo、文字信息等任何广告，只突出商品本身，要求高精度、强质感。

（6）标题要求利益点+标题（如满2件减10元××××），详情页突出淘金币活动氛围。

### 三、开通“淘金币”

淘宝卖家通过设置“淘金币”活动，可以获得更多优质客户、稳定流量和超高转化率，同时淘金币活动不需投入成本，不限类目，所有卖家都可参与，是淘宝官方非常热门的一个推广平台。想参与淘金币活动的卖家可通过淘宝后台的卖家中心进行开通和设置。

首次参加淘金币活动的卖家需要先申请淘金币账户，申请方式非常简单，其方法为：在淘宝卖家中心首页的“营销中心”栏中单击“我要推广”超链接，在打开页面中的“常用入口”栏中单击“淘金币”图标。打开“淘金币”首页，在页面中单击“点击开通金币卖家账户”按钮，在打开的页面中将提示卖家还未开通淘金币，单击“立即申请淘宝币账户”按钮，在打开的页面中阅读《淘金币账户服务协议》，单击“确定”按钮同意协议，即可申请淘金币账户。

### 四、“淘金币”抵钱

设置“淘金币”抵钱活动，即全店支持买家使用淘金币抵扣部分商品金额。买家用于抵扣的淘金币，70%存入卖家淘金币账户，供后期店铺营销活动发放使用。此外，设置淘金币抵钱将有机会获得淘宝会员俱乐部的展示位。

## 第四节 会员制

不管线上营销还是线下营销，会员营销都是商家十分重视的一种推广方法。通过对会员的分析与整理，可以帮助商家了解自己的客户群，使商家制订更合适的营销方案，不断发展客户，培养客户忠诚度，为店铺带来更多的收益。

会员是与企业建立了长期合作关系的客户，能够为企业带来长远的利益。会员营销就是在分析会员消费信息的基础上，充分了解会员的后续消费力，实现客户价值的最大化。在这个过程中可以通过一些营销手段来增加会员的黏性和活跃度，延伸其生命周期。本节将对会员营销的相关知识进行介绍，包括会员营销的意义、会员营销的方法和会员营销的技巧，帮助运营人员更好地制订会员营销策略。

## 一、会员营销的意义

会员营销可以为企业培养更多的忠实客户，在会员心中留下良好的品牌印象，为企业建立长期稳定的消费战线，这不仅有助于提高企业的销售额，还能增加企业在同类产品中的竞争力。同时，还能更好地了解消费者需求，为产品和服务改进提供依据。总的来说，会员营销的意义主要有以下几个方面。

### 1. 了解消费者需求

客户在成为企业会员时，一般需要填写各项资料，这些资料中包含了大量的客户信息和消费信息。企业可以据此更加清楚地了解和掌握客户的消费需求，制订更加符合客户消费习惯的营销策略。同时，企业还会定期向会员发送商品信息和企业动态，通过这些信息获得客户的反馈，进而改善企业的经营策略，保证企业对目标消费群体的精准定位。

### 2. 培养客户忠诚度

会员营销的根本目的就是建立长期稳定的客户关系，使客户产生强烈的归属感，认同企业理念并成为传播企业信息的媒介。这样不仅可以树立企业品牌，还能降低企业开发新客户的成本，为企业发展提供更强的市场竞争力。

### 3. 创造企业利润

产品营销中常有“20%的客户决定企业80%的收益”的

理论，即著名的二八定律。其中20%的客户就是由会员转变而成的忠实客户，由此可见会员的消费能力是相当强大的。会员是购买产品的生力军，是增加企业人气、创造企业收益的主要来源。

## 二、会员营销的方法

会员的积累是个不断发展新会员，并使新会员变成老会员的过程。对新会员采取恰当的营销手段，同时维护与老会员的关系，不仅可以为店铺带来直接的营业额，还能借由会员营销扩大推广效果，保持店铺的良性发展。一般来说，可以采取以下途径来进行会员营销。

### （一）通过社交平台营销

现在的社交平台越来越多，这些社交平台通常都有非常庞大的用户基础，成本比较低，利用这些平台开展会员营销活动，不仅可以发展更多的新客户，还能为老客户维护带来不错的效果。一般来说，微博、微信、邮件、短信、电话、旺旺、QQ、博客、论坛等都是现在常见的营销平台，其中微博、微信等平台，坚持的时间越久，积累的粉丝就越多，效果越明显。

现在的微博营销主要依靠与粉丝互动来开展营销活动，成本一般不高，需要积累一定的粉丝基础。在微博中，可以宣传产品，但不宜过多，否则容易引起粉丝的反感。微博粉丝以为粉丝带来便利为前提，如关注转发抽奖、发布贴心提示、发布有趣软文等，保证内容新颖简洁。此外，也可转发或发布一些热门话题，发布一些目标客户群体感兴趣的内容，或者与其他品牌进行微博互动等，以便积累更多的粉丝。

微信营销包含的内容比较多，如朋友圈营销、公众号营销等，这些营销方式同样需要积累一定人气，卖家需要引导买家关注店铺微信或公众号。在微信中发布的内容与微博略有不同，朋友圈主要发布一些产品图片，以视觉营销和买家好评为主；公众号主要发布一些具有个人风格的文章，可专业、可有趣、可别出心裁，旨在形成个人品牌；当然也可发布一些有吸引力的软文，引起买家兴趣。

邮件营销、电话营销和论坛营销是比较传统的营销方式，在会员维护中使用较多，主要用于推介会员活动或维护会员关系。

短信营销也是一种比较常用的会员营销方式，一般在节日、生日、促销活动时使用较多，短信营销的方式比电话营销更温和，比较容易被买家接受。

总之，不管选择哪种营销方式，卖家都必须有意识、有规划地完善自己的营销平台，为会员营销创造更多的空间和可能，不断积累客户资源，才能扩大店铺影响，提高销售额。

(二) 创建会员专享活动

对店铺数据进行分析不难发现，在营销活动期间，店铺的各项数据一般比平时更好，访客数、成交率、成交额等都会有非常明显的提升，这是因为一个好的营销活动可以为商品带入比较可观的流量。

一般来说，会员专享以优惠券、专享打折等智能营销活动为主。以淘宝网为例，商家可以通过上新老客提醒、短信营销、兴趣客户转化、优惠券关怀、专享打折/减现、专享价、购物车营销等手段进行会员活动营销。其创建方法很简单，在淘宝卖家中心首页单击“营销中心”栏中的“客户运营平台”超链接，打开“客户运营平台”页面，在左侧导航栏中选择“运营计划”选项卡下的“智能营销”选项即可。

### 三、会员营销的技巧

进行会员营销时要采取一定的技巧，这样才能增加会员对店铺的好感度，提高其忠诚度和黏性；还有利于增加店铺的曝光度，加深会员对店铺的印象。常用的会员营销的技巧有以下3种。

1. 会员细分

会员营销前应该以会员的消费频率、消费金额和最后一次消费的数据为依据进行会员等级划分，将会员分为普通会员、高级会员、VIP会员、至尊VIP等不同的等级，根据不同的会员群体采取不同的营销策略。

2. 加强会员交流

会员是店铺购买力最强的一部分买家，所以必须注意维护与会员的关系，可以为会员建立旺旺、QQ或微信群，加强会员与店铺之间的联系和交流，维持他们的忠诚度。

3. 会员关怀

节假日时，商家可以节日的名义向会员发出问候，给予一定的专享优惠。当会员生日时，可以邀请会员进店领取生日福利，让会员感受到自己被重视。关怀的内容可以是现金折扣、抵现、优惠券等，以增加会员购买的积极性。

## 第五节 合理利用各种促销方式

合理利用促销活动可以提高店铺的访问量，增加商品的销售量主要有以下几种方式。

### 一、限时限量促销

卖家要善于抓住买家的购物心理，设计出有限定条件的促销广告，让买家感到不立即购买就会吃亏。例如，“三日之内，本品五折，欲购者从速”“到后天下午5点之前，本店全场5折优惠”等。

那么，在使用这样的促销方式时，卖家需要采取以下两种措施。

1. 选择商品

卖家要清楚什么样的商品适合限时限量促销。一般来说，应季商品、流行商品、价格适当的商品、大众化商品比较适合限时限量促销。限时限量促销商品的定价最好是原价的四到八折，价格不能太低，否则会有假货、滞销货的嫌疑，从而让买家失望。

2. 选择促销时间

一定要选择合适的促销时间，否则可能会导致促销失败。可以选择节假日或者周末进行促销。由于这时网上流量比较多，限时限量促销的效果会比较好。

## 二、赠品促销

所谓赠品促销，就是把商品作为礼物赠送给买家，用提供赠品的方式为买家提供优惠，吸引其参与购买。

虽然这种方式不如价格促销那么直接，但是它可以在短时间内增加销量，还能在长时间内树立品牌。店铺批量采购赠品可以降低成本，也有利于促销。但是并不是选择什么样的赠品都可以，选择合适的赠品才会对销售起到促进作用，而选择不合适的赠品只会让成本上升，而且会引起买家不满。

## 三、购物积分促销

在本书之前的章节我们讲到过如何设置会员制度，其实会员制度就是积分促销的一种方式。只要是在店铺购买过产品的顾客都可以成为会员，享受购物优惠，在购物时还能累计购物积分，以后用积分兑换商品。这种促销方式可以不断吸引买家到店铺购买商品，而且买家还可能介绍其他买家来购买本店铺的产品。所以，这种促销方式不仅能巩固老顾客，还能发展更多的潜在买家。

积分活动相对来说是比较容易操作的，可以利用编程和数据库实现，而且可信度不低。在积分促销时，卖家一般设置价值较高的奖品，买家可以通过多次购买或者多次参加活动来累计积分，从而获得奖品。这种促销方式能够增加买家访问店铺和参加活动的次数，提高他们对店铺的忠诚度和活动的知名度。

## 四、打折促销

打折促销是直接让利于买家的，所以能够让买家感受到实惠，它是非常常用的一种促销方式。一般卖家会在节假日进行打折促销，因为这时消费者更具有购买冲动。需要注意的是，并不是所有的商品都打折，一定要选择那些价格调整空间较大的商品进行打折促销。

打折促销的优点如下。

一是效果十分明显。因为价格是消费者选择商品的主要决定因素之一，尤其是那些品牌知名度高的商品。折扣对消费者的冲击很大，可以说是最有效的促销方式。折扣促销一般用于处理那些到期产品、减少库存量、资金回收等。

二是促销活动容易操作。卖家可以在不同的时间，在允许的预算范围内设置不一样的折扣率。这种方法工作量不大，也很容易控制成本和风险。

三是有效的竞争手段。打折促销可以抵制竞争产品，快速增长销售量，让买家减少对竞争产品的兴趣，通过促销让买家大量购买自己的产品，从而扩大自己的市场占有率。

四是有利于维护顾客。折扣活动具有一定的广告效应，能够为店铺塑造物美价廉的产品形象，吸引购买过产品的买家再次进行购买，从而形成稳固的消费群体。

### 五、减免邮费促销

在网络购物中，邮费一直是买家关注的焦点之一，因为邮费问题能够影响买家是否认为产品价格优惠。众所周知，快递公司是最被买家接受的物流方式。卖家可以根据买家购买商品的数量来适当地减免邮费，让买家感到自己获得了实惠。

此外，卖家应该认真关注淘宝的各种活动。

### 六、上新

上新活动主要集中在服装、鞋子和箱包等类目中，在淘宝网仍然会把上新活动当成上述类目的重要活动线索之一。虽然上新活动力度比不上全民大促，但卖家也要关注。只要活动运营配合到位，新品销售起步比较早，在之后的销售中就会更有利。

### 七、“6·18”年中大促、“99”划算节

这两个活动是分别在夏秋两季举行的全网活动，可以帮助卖家清理库存，盘活资金，而且还能够为“双十一”和“双十二”大促做准备。

### 八、“双十一”

虽然淘宝C店在“双十一”只是天猫的配角，但消费者在浓厚的大促氛围下会热情地购物，淘宝C店也可以轻松提高销售量。

### 九、“双十二”

淘宝 C 店在“双十二”是真正的主角，所有的淘内平台都可能出现在“双十二”活动中，店铺会场有坑位，聚划算、无线、淘金币和淘抢购等通道也都有坑位，资源力度相当可观。

## 第六节　利用节假日吸引买家光顾

利用节假日来推广自己的店铺，最重要的就是营造节日气氛。淘宝店铺的推广主要通过店面装修和商品包装来实现。

### 一、店面装修

店铺整体上要突出节日氛围。店铺的各个方面，如店内招牌、导航条、促销区、商品描述模板等都有必要加入节日要素。例如，中秋节时，月亮、玉兔等形象能更好地渲染节日的氛围。

在店内招牌上添加节日祝福等内容。可千万不要小看这么微小的调整，节日期间是非常有效果的。

利用各种媒介让买家了解到店铺正在搞促销，给店铺营造一个火热的促销氛围。卖家可以在店招、导航条上加上“促销”字样，当然，如果把优惠措施具体地展示出来就更好了。

### 二、商品包装

店铺的主推商品在节日期间一定要加上节日要素。节日促销时不仅要把商品推到促销区，还要在商品图片上做些处理，突出节日氛围。

# 第六章　短视频营销

## 第一节　短视频内容的核心元素

分析表明，短视频爆款是有规律、有关键词而且也是有核心元素的。制作短视频爆款的内核，就是让用户了解你、“购买”你、爱上你和传播你。

大部分短视频的基本元素如下：适合移动端载体如手机等浏览，适用于在尽可能多的场景中观看，要让用户利用碎片化时间也可以进行浏览，而且要在短时间内用镜头语言把卖家想讲的中心事件讲明白且突出重点，而不是面面俱到。

这些基本元素都是非常好理解的。手机已经成为人们观看短视频的重要媒体，所以卖家制作的短视频一定要适合在手机上观看。甚至不少人现在已经懒得把手机屏横过来，而是直接竖着观看，这都是要考虑的因素。适合碎片化时间观看、在任何场景下都能随意拿出来观看，这都是由当下用户的使用习惯所决定的，甚至现在有不少短视频会强调通过字幕的排列设置来满足用户不必打开而直接听声音就能观看的需求。当短视频自动播放时，用户只要通过画面和字幕就能了解大致内容，这成了一种非常好的观看体验。

在了解了基本元素的基础之上，短视频的核心元素主要包括以下几方面：周密的前期策划，有网感的拍摄、制作，优秀的文案和标题，以及合理、适宜的投放步骤等。

## 一、策划部分

一个短视频的诞生，策划阶段是非常重要的，因为它决定着生产的视频内容、定位和目标群体。

策划阶段要完成以下 3 个方面的工作。

首先，根据品牌特征来确定自己的品牌定位，让用户有初步印象。

其次，要根据市场行为来预测并进一步确认战略目标，清楚地知道下一步操作。

最后，要根据目标人群的年龄、性别、地域、关注热点、情感表达诉求等，做出清晰的用户画像，然后看着画像清楚地告诉自己，一切都是为了让用户满意。

根据时间进行策划对打造短视频是非常重要的。如对于一些时间节点、节日等，提前进行策划，围绕着想要表达的内容和目标粉丝群，找到情感共鸣点，只有这样，短视频爆款的出现概率才会非常高。

## 二、制作部分

在明确、清晰的策划工作之后，接下来就进入视频的拍摄、制作阶段了。在这个阶段里，最为重要的是人——那些有网感的拍摄人员和后期制作人员，他们会起到至关重要的作用。前提是，他们必须是真正懂互联网的人。这也是做出短视频爆款至关重要的因素。

“网感”是在互联网尤其是短视频中被特别强调的一个词，说白了，它表示的是人们对当下网络流行趋势的了解程度——你的短视频参与者是否是重度网络用户，他是否知道当下最火的明星是谁，目前流行哪些歌曲和电影，现在流行的网络新词是什么，每天的新闻热点是什么，等等。

总之，短视频创作者本身需要对网络热点极其敏感，同时还要有创造力和想象力，以便其能够把网络热点变成自己的素材，进而加入短视频的后期制作中。网感对于参与制作短视频的人而言至关重要，因为这直接决定着短视频的质量高低和流行程度。

除对短视频的拍摄者和后期制作者的上述要求外，当短视频出炉之后，还需要有网感的人来取标题、写文案。他们要有很好的文字感觉，最好能够取出媲美一线网站的标题，并且写得出能让用户产生共鸣的文案，从而唤起人们观看视频的欲望。同样，他们也要有很好的网感，对当下热点有把控力，能够选取出自己的短视频所需要的热点元素并加以利用，最终写出切合当下热点的标题和文案。

## 三、投放、运营及统计改进

一个经过周密策划、精良制作及精心撰写标题和文案的短视频出炉之后，即使其内容精良并且具有很好的爆款潜力，也还不够。如果没有好的投放和运营工作，其只能达到播放量还不错的效果，而不会被引爆，成为网络上人们争相观看和转发的内容。

在短视频产品制作完成之后，在投入平台时，一定要根据产品类型来确定投放时间及频次。营销是否能跟上，能不能把握住节奏并及时地把自己的短视频推到“点”上，这是非常重要的。因此，大家要有好的运营思路。要知道，如果没有运营方面的及时跟进，偶尔出爆款是可能的，但经常出爆款就不大可能了。

在短视频推送出去之后，要及时跟进各平台的数据统计，同时要跟粉丝进行互动，查看粉丝的评论和反馈，引导粉丝参与内容建设并形成黏性，其最终目的就是要留存粉丝——这是任何一个短视频创作者都梦寐以求的结果。

### 四、叙事能力强

数据研究者所提取的在脸书（Facebook）上分享率最高的10个爆款视频中，大部分都在60秒以内。而且它们有一个共同的特征，那就是有丰富的视觉镜头。这也就意味着，短视频的核心镜头必须有叙事力和视觉感染力。

### 五、素材新奇，诉诸感性以唤醒情感共鸣

经过对这两大平台的热度视频进行取样分析可以看出，用户偏爱那些“看上去”就很精彩的视频内容，或者那些具有情节冲突的时事新闻、“短奇快”的科技小故事以及富有生活乐趣的新奇故事等。总之，用户喜欢那种能够唤起他们情感共鸣或者比较新奇的内容。

### 六、动态镜头吸引用户，静音自动播放

通过对Spike置顶视频的特征进行分析得出的结论是，用户喜欢的是那些仅仅凭借标题和文字说明就能够产生画面感的视频。

在这个方面，美食类短视频具有天然优势。因为对于美食类短视频而言，画面就能讲故事并且能够让人看明白想说什么。因此，无论是国外的脸书（Facebook）还是国内的秒拍，美食类短视频都是最受欢迎的短视频内容之一。

另外，作为加分项的视频字幕和配文可以增强叙事性。

相关报道指出，照片墙（Instagram）对字幕的运用达到了神乎其神的地步，从字幕的字体、长度到遣词造句全都以切中视频核心为主旨，易于理解并且不会分散用户观看视频的注意力。

## 第二节　短视频平台化运营

平台化运营的本质是效率，即快速高效地将用户规模积累到爆发的临界点，并快速地将平台上的价值与用户精准匹配。

### 一、短视频内容的平台化运营流量分散

如今的平台边界变得越来越模糊，基于高质量内容生产和运营的核心，形成了潜在的能量隐形于内容的平台。根据内容的特点以及流量精准的商业配对能力，短视频平台边界分散的特征十分明显。在近期的热门视频许可等政策影响下，未来的短视频平台可能会进一步规范化，明确分工，这样一来其会有很大的运营空间。随着基础设施的成熟，特别是智能技术、5G 网络的普及，短视频将是信息门户网站进化后的行业内容。除网络环境优化的原因外，短视频本身的生产和供应问题也得到了解决，例如，我们现在有很多短视频制作工具供大家使用(最早的有秒拍和美拍)，生产工具的门槛大大降低，方便了用户进行内容的发布和更新。同时，值得注意的是，现在短视频平台除原始的短视频产品获得了市场占有率外，大多数都是依靠自己独特的自制内容来获取流量。短视频平台内容的质量本身就是核心资产。而与传统媒体的图文信息相比，短视频可以携带的信息量会更大，传统媒体将会有很多商业机会赋予短视频。而在平台方面，要选择短视频合作伙伴，首先必须挖掘可以带来很多流量的短视频作者，或者是适合将内容商业化的短视频以及短视频的赞助商，如植入广告或者一些 IP 等。无论是短视频作者还是短视频平台，都想要多样化的内容和导入多个方向。如原来短视频往往只关注点击量这个数字问题，现在则深植内容，使用多元化的内容来吸引和保留现有的渠道。

## 二、隐形流量平台将出现

短视频内容制作和发行这两种类型的企业，其界限在一定程度上将变得越来越模糊，即视频分发平台参与内容制作，而内容制作者也往往自主设立平台。另外，大型的短视频平台具有优秀的分销能力和内容生产能力，他们将更多地走向知识产权方向，尤其体现在2C产品入门和内容制作分发这两方面。在某些时候，边界将变得更加清晰。例如，移动App企业可以使用技术方法来解决制作视频的经验问题，或者解决与产品形式相关的交互和沟通问题，从而更有效地运行现有流量和内容。而内容制作者主要关注内容供应链，如想要对内容进行编辑，包括人员培训、生产环节修正、后续媒体支持和大量商业运作过程等，将从不同的角度来丰富行业。在两者之间，短视频内容也可能是从隐形平台派生出来的。现在许多短视频平台的流量越来越分散，越来越多的人不是从视频流量输入的，而是从网站标题、微博、微信和其他任何可以分享视频的入口进来的。所以有一个可持续、大规模、高品质的内容生产能力，就相当于有一个看不见的隐性平台。隐形平台具有几个独特的能力，一是内容生产能力，二是粉丝凝聚能力。隐形平台知道粉丝喜欢看什么样的内容，从而可以持续与粉丝进行互动，然后继续运营现有的有效流程。同时隐形平台在此基础上继续丰富内容，完成供应链的内容开放，并在后端完成所有的内容制作服务。虽然隐形平台没有以一个平台或者以互联网产品的形式出现，但它实际上已经渗透到产业链中。

## 三、投资趋向集群化IP内容

短视频内容创作本身具有一定的门槛，内容的受众根据IP价值逐渐下沉，无论是品牌还是平台方面，都要先把握IP，才有可能做后台的商业化进化。所以如果短视频平台选择投资项目，那么在内容制作中，内容的制作难度已经做了一定的区别，内容本身就形成了一个门槛。同时，单一知识产权风险可能相对较高。现在每个人的口味更加多样化，如果是单一的知识产权，那么必须有足够的深度和专业的内容，才有可能出现。如果短视频内容是生活内容的一部分，则可能需要使用更多的人为推广。在一些场景中引入观众，能够保持粉丝的黏性和活跃度。这与传统媒体不一样，其是为了短视频的内容制作供应链梳理的，所以要求特别高。确保持续生产高品质的内容，无论人才供给还是制度体系，都存在着很大的挑战。目前短视频平台渴望高质量的内容和满足广泛的需求，但这也导致专业生产（PGC）长期以来不是主流的事实。但 PGC 必须是核心资产，在其周边将会产生多类“PGC”的用户生产（UGC）内容。也就是说，优质 UGC 内容一定是 PGC 先发展，然后 UGC 展开辐射。

## 四、流量要与变现路径精准匹配

短视频平台获得利润的方式主要有三种，第一种是内容本身，即类似于订阅或支付会员费的模式；第二种是业务转移，如导入电商，然后再进行用户和产品分层；第三种是广告植入，这可能是唯一纯粹的获利方式。这三种利润获取方式相对来说占主流，短视频平台选择不同的内容载体来获取不同导向的利润，因为不同类型的受众之间的质量差异将决定他们转型为不同商业化的路径。在实现内容时，生产者将自行计算自己的投资回报率，无论是做会员业务还是做纯粹业务转移，还是植入广告，单一客户创造的价值乘以转换率是利润变现的逻辑。例如，如果内容方的电商转换率和产品毛利率较高，那么在理论上，单个用户可以创造的电商流量可能高于简单的广告流量。但通常情况下，短视频平台内容在电商业务中的转换率肯定没有那么高，因此做不了精确和垂直的内容。若客户单价内容较高，则其更适合电商变现。有些不限于引入单一产品而是介绍一种生活方式的短视频，用户的价值内容的定位较宽，更适合广告或流动方向的现金，我们可以称之为提供流动性的能力，它包含了如何将内容与最适合的商业产品进行匹配的能力。对于如何适当地流动，准确匹配商业路线来说，这种能力是非常重要的。但是无论采用什么方式实现，高品质的内容必须有自己的价值，而且许多内容本身可能不是简单的产品销售，而是可以专注于流量的内容。在未来，单独 IP 的短视频内容将面临受众面偏窄的局面，需要两个或更多的 IP 内容同时代理，才能吸引越来越多的高品质和多样化的内容。

## 第三节　短视频吸粉策略

### 一、电商粉丝的获取渠道

#### （一）人格化吸粉

对于所有的内容电商来说，做内容必然是为了加粉，加粉是为了最终的商业变现。对于很多消费者来说，在进入一家店铺购买自己想要的物品时，购买完就会选择离开。这样的店铺属性使消费者很难与品牌或者店铺建立起链接。除非是他们在硬广告中看到的大品牌，这样在一遍又一遍的被动“刷脑”中，他们才能产生较强的归属感。那么对于中小电商，该如何用最低的成本最高效地吸粉呢？

我们可以选择“人格化”吸粉方式。什么叫作“人格化”呢？如服装设计师、美食达人、美妆老师等都是具有人格标签的角色，此类角色通过微博、微淘等，以人格化方式产生并发布内容。当他们逐渐让客户感受到他们在客户群体中已成为意见领袖时，客户自然就会转换成其粉丝。

（二）电商直播吸粉

近几年各直播平台如雨后春笋一般崛起，发展形势一片大好。尽管“资本寒冬”已经到来，但直播行业依然如火如荼，成为互联网行业中的另类新宠。为什么直播能持续这么火？我们知道随着消费升级，国人的“精神消费崛起”，而从物质消费到精神消费，直播刚好迎合了这样一种趋势。

既然直播如此火爆，那么如何利用好直播这个风口去卖货，转换成更高的销售成绩，让它与电商人、微商人相结合创造更多、更高的商业价值呢？首先我们需要了解直播的根本属性，直播的根是互动，跟粉丝有效的互动是直播的一切。直播的变现主要是通过主播在与粉丝互动中产生的注意力进而通过营销变现，而直播与短视频还是有根本差别的。短视频是“定向输出”，也就是在各平台准备播出之前，其已经做好了相应的选题和内容，而直播的发生是“即时性互动”，主播要在直播过程中根据粉丝提出的不同问题和话题进行解答与即时交流。所以，直播不但对主播调动直播过程中粉丝的积极性和情绪价值的提供有更高的要求，同时主播也要有很好的现场把控能力。

那么直播如何与电商、微商有效结合呢？主播和网红的类型也是要与产品有连带关系的，因为网红在属性上大致可以分为两种：娱乐属性和电商属性。如电商网红张大奕，大家关注她的目的就是去关注她的产品。张大奕曾经创下直播2小时卖货2 000万元的销售数据。而娱乐属性的网红，大家关注的点是这种属性的网红带来的娱乐性内容，如段子、唱歌、游戏等。因此商家在做直播营销的过程中，网红或者主播的定位是十分重要的，电商网红的产品销售能力是强于娱乐网红的。

在清楚了网红的属性之后，商家如何培养网红直播呢？又如何将直播与产品的运营紧密结合形成有效营销手段呢？首先，商家需要找到或者培养一个能和自身产品进行深度捆绑的网红。这个人可以是直播平台的网红，也可以是这个电商品牌的创始人或者产品经理。选择他们为自己代言，再通过包装与打造，以便其可以更好地在直播平台上与观众进行互动，继而将观众转化成精准的产品用户。而平台用户的积累也是一个循环渐进的过程。当用户有了一定数量的积累后，就可以通过相应的促销手段，如发红包、送优惠券等方式进行有效促销，将用户再次导入淘宝店铺。

同时，传统企业做微商可以采取“直播+微商直营”的方式进行有效营销。通过直播将粉丝引流到微商的私人微信上，在微信积累到一定粉丝之后，再来进行运营也是一个不错的方法。

## 二、打造电商品牌短视频粉丝的忠诚度

### （一）孵化自主品牌网红

打造网红店铺的短视频内容，首先需要明白一个道理：如今的网红大部分不再是简单的个体，他们的背后可能代表着一个公司，也可能是一个品牌，这已经是一个分工十分明确的供应链体系。那么，网红店铺的视频内容也自然要围绕站在幕前并直面观众的网红达人去量身打造。首先要为其做标签化、人格化定位，然后在此基础上再去围绕网红的属性策划与挖掘其在所属类目下应该表达的内容。品牌商家如果也想打造一家属于自己品牌的网红店铺，首先就需要筛选适合自己品牌类目的具有潜质的网红人选。这种属性的网红，男女皆可，也不一定需要较高的颜值，但其必须具备对相关产品知识与操作的专业度。在此可以将其定位为知识输出性网红。

（二）专业视频机构聚拢流量

视频内容质量的优秀与否、受众是否接受与喜欢，以及视频内容制作团队的能力如何是决定视频内容好坏的核心因素。优秀的视频内容制作机构必须从网感、粉丝的共鸣点、网红属性、与产品的结合性、内容创意与价值度等多个方面量身打造内容。一切内容的好坏判定准则应该以用户与数据说话，从平台的播放量、评论数等去综合考量，以提高客户的整体品牌价值。所以，成熟的内容创造者+KOL 流量平台=内容电商变现的核心要素。

因此，与优秀的视频机构合作也是快速打造网红店铺的必备条件之一。

（三）持续性内容输出

当商家与优秀的视频团队建立起合作关系之后，接下来是保持内容输出的持续性。围绕商家品类之下的内容范围都可以作为视频内容的切入口，同时视频内容的输出需要周期的规划性。如果某个品牌制作了一个推广效果非常好的短视频（其无论从主题的策划到视频质感都十分精良），但是若该视频与其他视频输出的时间间隔较久，则这对于品牌的整体塑造来说是不利的。视频内容的输出需要保持一定数量与质量的沉淀，且周期需要维持在合理有效的频次，这样才能慢慢做出一个被粉丝所认可的成功网红店铺。

# 第七章 内容营销

## 第一节 淘宝平台

淘宝购物已经成为消费者最喜爱的购物、消遣方式，为锁定消费者需求，增加消费者黏性，商家纷纷开启粉丝营销之路，想方设法将“访客”变成“顾客”再转为“粉丝”，用内容电商打造新的商业模式。

### 一、“淘宝直播”平台

在淘宝直播中，大部分淘宝达人的真实身份其实是淘女郎、美妆达人、时尚博主以及签约模特等，同时他们的头像下方还会显示一个“大 V”的标识，在淘宝直播平台中，发布较多的基本上是美妆、潮搭、母婴、美食、旅游类产品以及相关的内容，这些产品都是互联网中比较受欢迎的类型。

对于那些没有开店、只是帮助商家推荐商品的淘宝达人而言，也可以从商家获得佣金收入。在这种互联网电商模式下，直播视频内容充当了流量入口，为商家的店铺提供推广渠道。这种用互联网思维卖货的内容电商模式，可以更加精准地把握客户需求，流量成本更低，转化率更高，具有更多的变现优势。

### 二、“有好货”平台

淘宝有好货的展示流量是千人千面的，也就是说不同的消费者可以看到不同的内容，商家可以获得更加精准的引流效果。有好货更适合那些小而美的商品展，同时也是商家新品引流和老品维护的重要平台。

有好货的商品定位也比较简单，主要是那些追求生活品质的消费者，为他们推荐一些平常难以注意到的精品。对于电商企业来说，有好货为其带来了一个不错的内容流量入口，是提高商品销量的重要渠道，应该好好运用。

## 三、“爱逛街”平台

爱逛街是淘宝为用户推出的一个专注分享和交流的内容电商平台，其 PC 端流量入口放置在淘宝主页中的醒目位置，如图 7–1 所示。

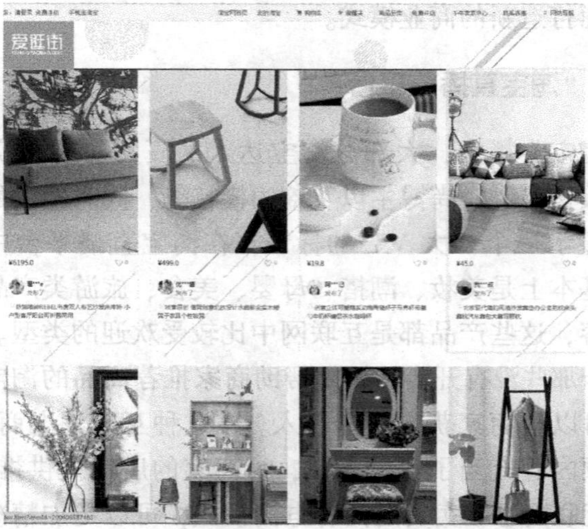


**图 7–1　爱逛街 PC 端流量入口**

爱逛街的内容形式与蘑菇街比较类似，用户可以在这里给喜欢的商品打分，点击 get 按钮（值得买的意思）即可，而且还可以将自己中意的商品上传并分享给其他用户。总体来说，只要商家拥有优质的内容，在爱逛街上面还是可以获得很高的流量的。同时，越多人分享宝贝的话就更能提高商品的展示率，而且能够根据消费者的喜好，为他们主动推荐喜欢的商品。

## 第二节　微信平台

### 一、微信平台的内容电商资源

如今，微信已经从最初的社交通信工具，成长为连接人与人、人与服务、人与商业的移动入口。微信作为一个超级App流量入口，其中最重要的电商功能就是微信小店和微信商城，通过开放合作的模式，微信电商拉近了相关行业的产品和服务与用户的距离，同时也带动了各领域的升级。

#### （一）微信小店

只要是获得了微信认证的服务号，都可以开微信小店。“微信小店”可实现各种各样的功能，通过这些功能，用户可以很好地管理自己的货架和商品，也能够进行客户关系的维护。

#### （二）微信商城

微信商城又可以称为微商城，主要是将微信作为媒介，并通过其方便的移动支付功能，实现电商企业与消费者的在线互动，及时推送最新的商品内容给微信用户，实现移动电商功能。

### 二、熟悉微信内容运营的策略

内容电商运营者要在微信平台上进行运营，那么就必须清楚、熟悉一些运营策略，这些运营策略能够帮助广大运营者少犯错误，获得更好的运营效果。这些运营策略具体有以下几个方面。

一是重视标题，标题影响打开率。有吸引力的文章标题才会给公众号带来更多的读者和流量。

二是吸引点击，图片要亮丽吸引人。图片是商家进行微信内容运营时的有力武器，一张合适的图片有时能胜过千言万语。图片能给微信小店或微信商城的用户带来视觉效果，也能为平台上的文章内容锦上添花。

三是打造创意，内容运营要有思路。在日常运营中，运营者要懂得创意内容的运营思路。例如，利用连载的形式勾起读者的观看欲望、把热门事件插入故事中。

四是把握时机，平台内容发送时的注意事项。首先，群发前一定要进行预览。另外，选择合适的发送时间对于微信内容运营者来说，是非常重要的一件事，通常有 8—9 时、11 时 30 分至 13 时、20—21 时 3 个黄金时段。

## 三、公众号内容电商运营技巧

微信的火热带动了微信公众号的品牌运营，微信公众号已经成为企业品牌宣传的一个窗口，企业的软文运营离不开微信平台提供的运营机会。下面主要介绍微信公众号的软文运营技巧。

### （一）创作有个性、有价值的内容

在微信公众平台的内容方面，要把握以下两个要点。

（1）个性化内容。个性化的内容不仅可以增强用户的黏性，使之持久关注，还能让企业微信公众号在众多公众账号中脱颖而出。

（2）价值型内容。在利用微信公众号进行内容运营的过程中，商家一定要注意内容的价值和实用性，这里的实用是指符合用户需求，对用户有利、有用、有价值的内容。

（二）增强内容的互动性

通过微信公众平台，商家可以多发起一些有趣的活动，以此来调动用户参与活动的积极性，从而拉近商家与用户的距离。除了发布活动之外，还可以通过其他方式与用户进行互动，例如，通过问卷调查了解用户的内在需求、通过设置各类专栏与用户展开积极的互动等。

商家可以将互动信息和内容电商结合起来进行推广，单纯的互动信息推送没有多少趣味，如果和内容相结合，就能够吸引更多的人参与到互动活动中。

（三）激起用户好奇心的内容

要想让用户认真地看完内容，就要利用能够激起好奇心的内容来引发他们阅读全篇的欲望。具体做法是，在开头的内容上多下工夫，一开始就激发用户的好奇心，这样效果就比较好。

# 第八章　微商运营

## 第一节　微商运营的模式

顾名思义，农产品微商就是农产品的产品微商。在微商越来越流行的今天，农产品如能搭上这辆新时代快车，则必能快速前行。目前，农产品微商的运营模式共有以下几种。

### 一、土地认领

土地认领模式可以将土地的价值翻番，以前价值 1 000 元的土地可以通过土地认领模式让价值翻 10 倍，变为 1 万元。那么，土地认领模式的本质与原理是什么呢?

土地认领采取主人制模式。这种模式的具体操作方法为：农场主将土地放到网上进行征集，认领土地者便成为土地的主人，这块土地的所有产出均归主人所有。采用这种模式经营的产品大多为有机绿色农产品，如马铃薯、香菇等。主人认领土地后，可以自己打理，也可以交给农场主统一打理。

或者采取二者结合的方式，平时交给农场主打理，自己在周末时则带着家人、朋友到认领的土地上进行种植、施肥等活动，体验田园生活，感受与城市大不相同的乐趣。

瑟尔基河山泉农场就是通过土地认领模式大力发展经济的。瑟尔基河山泉农场位于张家口市尚义县，属于坝下地区，碧水蓝天，土地肥沃。农场里果蔬不上化肥，用山泉水浇灌，做到了真正的天然无公害。此外，农场周边的风景十分优美，认领人在农作劳动之余还可以自行观光。商家通过微信朋友圈、公众号等方式进行宣传，吸引了大量的城市人群前来认领土地。

土地认领模式具有强大的客户吸引力，因为主人除了可以亲自体验田园生活之外，还可以实时了解到土地的情况，并实时监控自己种植的果蔬，以确保自己食用的产品未受到任何污染。如今，食品安全问题已成为消费者最关心的问题之一。土地认领模式通过抓住消费者的需求点，最大程度地获得了消费者的青睐，成为广大农产品微商经营者致富创收的新途径。

## 二、预售

农场主最担心的不是农产品种植和生产的问题，而是遭遇供大于求的市场环境，造成农产品滞销，只能低价甩卖，因此造成亏本的局面。但农产品微商经营者如能采用预售模式，就可以在种植之前准确了解市场需求，从而最大程度地降低风险。微信是了解市场需求的有效工具，农场主可以通过朋友圈、微信公众号和社群进行预售，做到先收钱再种植，从而最大程度地规避风险，获取利益。

那么，预售有哪些好处呢？

### （一）市场反馈

通过预售，农场主可以掌握产品的市场反馈信息，进而了解消费者对产品的认可程度以及需求情况。这有助于农场主在种植和生产时作出适当的调整，更好地满足消费者的需求。

### （二）用户数据

预售时，农场主会收集消费者的资料，例如姓名、电话、地址等。通过这些信息，农场主能够清楚地知道购买者是谁、现在在哪里。这些数据看似简单却十分重要，因为通过传统销售方式，经营者根本无法得知产品的最终受益人群是谁、在哪里，而预售却可以完美地解决这个问题，让经营者做到知己知彼。除此之外，通过预售模式，农场主还可以针对数据进行研究，分析得出哪种农产品卖得最好，哪个地区的人喜欢购买哪种农产品，进而更有目的地进行种植。

（三）降低风险

传统的农产品销售方式都是在产品种植或生产出来之后再推向市场，这种方式极易遇到产品不被认可、消费者不买单等情况。而且，大多数农产品都具有保质期短、季节性强的特点。如果无法在一定时间内卖出，商家就只能采取打折的方式损利出售，更严重的是直接烂在地里或者仓库里，造成极大的损失。而通过预售，商家可以先收钱，然后根据消费者的需求进行种植生产，将风险降到最低。

（四）人脉

在如今的粉丝经济时代，没有粉丝，一切都是空谈。预售的前提就是有足够的粉丝、庞大的人脉。

（五）信誉

预售体现的是人与人之间的信任。如果商家没有任何信誉，就根本不会有人愿意事先付款。所以，在进行预售之前，商家一定要建立良好的信誉。

（六）品质

预售是消费者对商家的高度信任，绝对不能辜负。只有好产品才能开展预售，而且必须能够经受得住市场和消费者的考验。

## 三、众筹

### （一）农业众筹

农业众筹是最简单的众筹模式，即先向消费者筹集资金，然后再让农民根据需求进行种植，等到农产品成熟后直接送到消费者的手中。农业众筹的过程与预售十分类似，业内人士将这种模式称为订单农业——根据销售组织生产。

“尝鲜众筹”就是农产品众筹的典型代表。

“尝鲜众筹”的项目产品是延安宜川的红富士苹果，在选择产品种类时，两家网站可谓是别出心裁。首先，苹果的消费群体十分庞大，大部分人都吃苹果；其次，虽然对于北上广等消费能力很强的城市来说，红富士十分常见，完全不算特产，但是这两家网站主导的“北纬 35°、海拔 1 000 米”的延安宜川红富士苹果却非常少见，对消费者有着足够的吸引力。

不过，由于众筹网具备独特的创意风格及属性，“尝鲜众筹”并不是众筹网的最佳选择。而且，农产品生产链极长，具有很大的不可控性，后续服务很难保证。经过几次尝试后，众筹网就在自己项目的发起规范中限制了“食品、酒类项目、农产品”的众筹权限。众筹网与“大家种”有很大的区别，众筹网注重农产品的原汁原味，不强调创意、情感属性，不讲故事，只重点凸显 F2F（家庭直达农场）这一特点，用心做到城市消费者与新农人之间的直接对话。

从目前情况看，农产品众筹还需要一段时间的观念培育期，因为消费者稳定的农产品消费习惯不是说变就能变的。但是随着观念的改变，相信农产品众筹终有登上舞台的一天。

### （二）农业技术众筹

在我国，农村电商经营者主要可以考虑以下农业技术的众筹。

（1）粮食增产技术，与杂交水稻技术类似。不论在国内还是国外，粮食作物都占据着重要的市场位置，粮食增产技术自然也格外受到青睐。

（2）引进新型农作物的种植技术。这种技术的价值在于所引进新型农作物的价值和稀缺性是全世界公认的，通过这项技术可以解决所引进农作物稀缺的问题。

（3）有机化肥农药技术。现在，有机食品备受消费者与企业的重视，围绕“有机”二字能够形成一整条产业链，任何一个不可替代的环节都是值得投资的。

（4）农业信息化、农业物联网建设虽然说起来为时尚早，但是这两方面都具有不可估量的市场前景。

### （三）农场众筹

农场众筹的典型案例就是阿里巴巴旗下的“耕地宝”。“耕地宝”是将消费者手中的钱聚集到一起进行投资，投资者不仅可以获得私人农场一年四季的无公害果蔬，还可以免费去当地观光。

### （四）公益众筹

公益众筹就是农业中的“希望工程”，主要用于西北沙治和农村建设，可以使社会资源得到更加有效的优化配置。

除了以上众筹模式，农产品领域还有股权众筹，新农人可以根据自己的需求选择合适的众筹模式。

## 四、自营

自营可以简单地被理解为自产自销，这种模式十分符合农产品微商的特点。农产品微商的自营模式十分简单，地就在旁边，劳动力就是自己，经营者无须为产品的生产发愁。自营模式的优点十分明显：首先，没有中间商收取差价，大大增加了农户的毛利空间；其次，自己种地自己卖，农户接受度较高。

但是，农产品微商自营的缺点同样非常明显。广大农户不但对互联网和电商的认知不够，自营操作困难，而且对网店如何开、如何上货等一系列事情都不太了解。这就使微店销售大受影响，电商优势大打折扣。所以，这不是最适合农产品微商的发展模式。

## 五、代理经营

代理经营是指代理人（或组织）在代理权限内，以被代理经济组织的名义与第三者发生法律行为，由此产生的权利、义务直接对被代理经济组织发生效力的一种经营形式。农产品微商代理经营的作用如下。

### （一）化解产销矛盾，促进产销结合

代理经营具有互惠互利的特性，这种特性有助于产销之间的货物来源渠道保持稳定，生产企业由过去分散一部分精力解决原材料采购变为集中精力生产。代理人由过去紧盯货源变为紧盯客户，由过去与厂商讨价还价变为互惠互利的关系等。这些问题的解决大大促进了产销的有机结合。

### （二）解决资金拖欠，加快资金周转，降低经营成本

实行代理经营模式后，农产品生产企业由直接面对消费者或者面对不固定的流通企业，转向以契约形式固定下来且具有长期合作关系的代理商。这样有效地解决了与流通企业交易时容易出现的资金拖欠问题，加快了资金的周转。农产品代理商从委托企业中获得佣金，有效节省了流动资金，降低了农产品经营成本。

### （三）构造良好的流通秩序，有效衔接产销关系

市场上的供求关系与价格是不断变动的。这导致在商品短缺时，农产品生产企业争相购买产品，流通的各个环节不断加价；而在商品过剩时，农产品生产企业无法持续经营，农产品堆积在仓库中，造成流通秩序混杂。采用代理经营模式，可以稳定农产品生产企业的进货和销售渠道，构建一个有序的流通

体系。同时，农产品代理商可以将市场中关于农产品的信息及时告知农产品生产企业，因而有助于农产品生产企业按需生产，防止盲目生产造成产品积压，实现产销关系的有效衔接。

但是，这种模式在发生风险时会给上下游双方带来很大的损失。而且，双方可能也会因为代理产品而产生利益方面的矛盾。这种模式也不是十分适合农产品微商的发展。

## 六、自营+代理

“自营+代理”是最适合农产品微商的发展模式。由于农产品微商刚刚起步，还有很多不完善之处。无论自己经营，还是代理经营，都各有弊端，所以在发展过程中要扬长避短。

在自营模式中，农产品微商的最大优势是自己生产。这极大地保证了产品的货源，自己能够清楚地了解产品的质量，以及从生产加工到出成品等整个流程的成本问题。这样可以大大降低产品的出售价格，提高产品的竞争力。

而在代理经营模式中，农村由于经济落后、交通不便、信息闭塞、农民文化水平不高等原因，造成网商、微商在发展过程中出现诸多问题。例如，因为对市场信息的收集分析不到位，可能造成供给不平衡。今年大家都种桃子，以至于最后市场饱和、果农受损。明年又怕桃子卖不出去，大家都不种桃子，谁知市场对桃子有大量需求，果农又没有赚到钱。这就是一般自营模式所存在的弊端——难以对市场形成十分清晰的认识。

但是，“自营+代理”模式则大不相同。在这种模式下，虽然从产品单价上看，农户的利益有所减少，但是大大提高了产品的销量，进而提高了农户的最终利润。

采用二者相结合的方式，既可以保证货源的充足，又可以保证足够宽广的销售渠道。因此，在农产品微商的发展过程中，自营和代理结合才是最适合的模式。这种模式可以最大限度地拉动农村的经济，提高农民的收入。

需要注意的是，不论采用哪种模式，发展农产品微商都一定要谨慎小心，注意结合自身情况，灵活采取最适宜的方法。

## 第二节　微商营销的策略

农产品的销售需要技巧，农产品微商在营销过程中运用以下4种营销策略，就可能达到事半功倍的效果。

### 一、讲故事

很多农产品在外观和本质上与同类产品不存在特别大的区别，那么商家如何才能让自家的农产品吸引到消费者的注意呢？让消费者记住你，愿意为你的产品买单，是解决这个问题的诀窍，也是最终的销售目的。微商卖产品在很大程度上卖的是情怀，卖的是情感，卖的是微商自己。如果将自己的生活与产品结合起来，向消费者讲述一个非常好听的故事，与他们产生共鸣，那么产品的销售就会变得更加容易。

例如，众所周知的“褚橙”就是通过讲述褚时健的个人创业励志故事，打造品牌进行营销的。“褚橙”利用互联网的快速传播特性向众多消费者传播故事文化，让消费者感同身受，进而对产品本身产生了浓厚的兴趣。“褚橙”的价格比其他橙子的价格贵很多，但是消费者依然选择购买，而且十分火爆。

“褚橙”这个品牌告诉我们：产品很重要，但是故事更加重要，“好的故事+好的产品”才是营销的制胜武器。

除了讲销售者本人的故事之外，商家也可以在产品上做文章。例如，销售一款与市场上其他产品没有任何区别的蜂蜜，如果按照“土蜂蜜、十分正宗”进行宣传，可能很难引起消费者的注意。此时，商家可以在蜂蜜上做文章，针对某类特定人群进行重点营销。例如，针对中老年人，商家可以主打健康保健特性。而且，由于蜂蜜的主要消费人群是女性，商家可以在包装上更加女性化一点，让女孩子见到包装就爱不释手，从而达到销售的目的。

微商的本质是社交电商，它决定了农产品微商经营者必须重视对产品的文化打造。如果商家能够讲述一段十分精彩、励志、感人的故事，那么其产品一定会吸引消费者的注意。

## 二、好玩又有趣

微信的用户以“80后”“90后”居多，能够吸引他们的卖点除满足他们自身的需求与产品的功能之外，还有产品的趣味性。如今，市场上的很多产品都是通过结合互联网上的趣味因素来抓住消费者的眼球。

现在大多数微商销售的农产品，不管是名字、文案，还是包装，都特别有趣，能够让平凡的产品不平凡，达到吸引消费者的眼光、加深他们对产品的印象的目的。

那么，农产品微商如何才能让自己的产品变得好玩、有趣呢？可以从以下几个方面着手。

### （一）品牌名称

品牌的名称一定要朗朗上口，容易被消费者记住，而且要与产品具有关联性。例如，蘑菇叫“蘑蘑哒”，消费者一看名称就知道是什么产品，而且很容易吸引他们的注意。

### （二）包装

包装直接影响客户收到产品后对产品的第一印象，其地位的重要性不言而喻。农产品的利润一般不高，商家除考虑制作成本之外，还要考虑美观性、实用性和独特性。传统的农产品包装不适合在微信上销售，因为其不但不适合拍出美观的照片，也不符合年轻人的审美观。所以，农产品微商经营者如想在微信上销售自己的农产品，一定要在包装上下工夫。

（三）产品方案

让消费者快速爱上你的产品，秘诀就是好的产品和好的方案。微信上的宣传主要是依靠图片和文字，产品本身不会说话，只有通过文字表达。同一款产品用不同的文字表达，销售结果肯定也会不同。产品的文案不一定都是一样的，可以文艺，可以有趣，也可以具备其他特性。

（四）产品附件

要想用心地做好一款产品，商家就要站在客户的角度思考，以细致的服务取胜，做到别人没有的，我们有；别人也有的，我们更优。

（五）营销方案

做好产品的包装、品牌和文案之后，后续的营销方案也必须紧跟其后。商家要不断地在网络和朋友圈中推出一系列有效、有利的促销方案，不断吸引消费者的注意，让产品更加深入人心。

（六）其他

商家可以不定期地在朋友圈、公众号中举行一些好玩的游戏，保持与消费者的紧密联系。好的产品能够让消费者主动为你传播，成为你的产品代言人。

## 三、制造爆点

将产品推向市场后，如何将它引爆、刷爆朋友圈，就成了商家需要思考的首要问题。商家需要进一步思考如何制造爆点：要具体到是产品爆点，还是需求爆点，或是事件爆点。注意，不论什么爆点，一定要结合产品的实际情况，只有打响营销第一炮，后面的推广才能更加顺利。

### 四、代理分销

除保健品、护肤品等高利润产品可以采用分销模式之外，农产品同样也可以采用。只不过相比较来说，农产品的代理模式会略有不同。由于农产品利润微薄，代理层级会适当减少。一般情况下，农产品的代理层级最多不超过两级，每一层级的利润不同。而且，第一层级的利润最好比第二层级低，以此保证第二层级的利润，更好地带动代理的积极性。现在很多农产品都采用合伙人模式，大家同为品牌创始人，一起推广，一起宣传。

## 第三节　朋友圈的经营

越来越发达的通信让人与人之间无须见面即可实现交流。朋友圈是虚拟的、网络化的，每个人都可以在其中发表自己的想法，畅所欲言。有人的地方就有商机，朋友圈在为我们搭建交流平台的同时，也为农产品微商提供了一个赚钱的渠道。

### 一、定位

做微商其实就是做营销，而做营销的第一要素就是定位。所以，对于任何农产品卖家来说，最重要的是搞清楚自己的定位。卖家只有搞清楚自己卖的是什么产品，提供的是什么服务，才能更好地找到自己的目标客户。例如，土特产经营者针对的主要客户群就是喜爱吃土特产的人，所发朋友圈的内容则必须主攻土特产的色香味，从而吸引看到朋友圈的人前来消费。

## 二、提供价值

别人为什么要关注你？除与你是朋友关系之外，还有因为你具有价值。长得漂亮是一种价值，会赚钱是一种价值，写字好看是一种价值，你所卖的产品对消费者有用也是一种价值。你能够给他们什么，你的价值就是什么。卖家一定要善于挖掘自身优势，然后将其放大以吸引更多的消费者。例如，朋友圈中有人肠胃不消化，而你所卖的蜂蜜恰好能排毒助消化，那就自然会吸引他前来购买。

## 三、视频分享

微信中的小视频分享功能对于微商而言具有很高的价值，农产品微商发货过程、送货过程都可以用视频的形式发出来，让朋友圈中的人看到，这样可以给消费者真实可信的感觉。很多人都认为微商作假，但视频是做不了假的。通过小视频，别人会更加相信你。农产品微商也可以通过小视频的方式将种植的过程分享出来，从而得到更多消费者的信任。

## 四、分享生活

微商营销与普通营销的不同之处在于，微商营销是一种生活化营销与情感化营销。但是，很多卖家的朋友圈中全是广告，没有一点关于生活的内容。买家不了解你这个人，甚至都不认识你，怎么会购买你的产品呢？因此，建议卖家在朋友圈中发广告的同时，每天至少发一条与生活有关的内容，这样才能增强与消费者之间的情感，拉近与消费者之间的距离。

除此之外，农产品微商还应及时分享客户反馈、代理反馈、所在团队的风采等亮点内容，也可以将施肥、灌溉等一系列关于农产品种植的内容分享到朋友圈中。这些关于农产品微商生活的内容不仅不会引起消费者的反感，还会让消费者对你的产品产生兴趣。

## 五、坚持原创

做得好的农产品微商的朋友圈一般都是原创，很少有复制粘贴的内容，而做不好的农产品微商的朋友圈基本都是复制粘贴的内容。农产品微商看似很简单，其实做起来很难。好的农产品微商无时无刻不在思考下一条朋友圈该如何写才能吸引粉丝的注意、客户的关注，只有这样才能将朋友圈经营好。

## 六、混圈子

微商群体中有一种说法，叫作“无社群，不微商”，说的就是社群和圈子对于微商的重要性。要想成为赚钱的微商，就一定要有属于自己的圈子，不管是线上的，还是线下的。这也是为什么有线下活动时会有不少做微商的人前来参加的原因。除专业知识之外，微商的最重要资源就是人脉。对于微商来说，人脉就是金钱。经常参加线下的论坛或者某种类型的大会，不但可以提升个人的知名度，而且可能与圈内的一些大咖们零距离接触。对于任何形式的微商来说，这都是一个非常好的涨粉机会。所以，微商们如果有机会参加线下活动就尽量去参加，而且要把参加这些活动的信息分享到自己的朋友圈中，以达到自我包装的目的。

农产品微商也有属于自己的圈子，经常参加一些农产品展销会、农产品推介会等活动，也可以为农产品微商群体扩展人脉，加大影响，进而推动农产品售卖。

## 七、借力营销

农产品微商参加农产品展销会或者推介会时，如果见到一些大咖或者在圈子中有影响力的人，一定要争取与他们交流、合影，然后发到朋友圈中。这样可以增强朋友圈中人对你的认可度，甚至对你产生仰慕感，进而产生信任感。这种方式也叫作借力营销，借助大咖名人们的影响力来宣传自己和自己售卖的产品。

## 八、互动话题

互动频率的高低在一定程度上决定了粉丝的转化程度。互动可以增强彼此之间的情感，互动的过程可以帮助微商群体了解朋友圈中人的性格、爱好等各个方面的信息，为营销打下基础。

农产品微商除要主动与朋友圈中的人互动外，还要引导他们互动。发送到朋友圈中的内容不要过于严肃，轻松、有趣、娱乐是朋友圈内容的必要特性。

# 第九章　小程序电商运营

## 第一节　认识小程序电商

大多数企业及电商卖家对“小程序电商”的理解可能存在着一定误解。那么如何正确理解“小程序电商”呢？

由于小程序是微信生态中的一环，它的商业核心仍然是围绕微信 10 亿个社交用户进行布局，因此从本质上看，小程序电商是以小程序为载体，以微信为流量池的社交电商。小程序没有下载、安装、注册、关注等烦琐环节，故小程序电商深受用户喜欢，这就加速了小程序电商的发展。

与传统的京东、天猫的流量相比，小程序电商的流量具有更明显的碎片性与时段性。小程序电商的运营者，应该依靠微信朋友圈、微信公众号的信息流合理设置广告投放。

## 第二节　小程序电商运营的策略

任何机会都是有时效性的。腾讯对茁壮成长的小程序呵护有加，无论是流量倾斜、技术支持，还是红利补贴，力度都相当大。当然腾讯也不会无限制地大力支持小程序，因此进入小程序电商越早越好，越早进入，则成功概率越大、流量支持越多。

在当下粉丝荒、流量荒的背景下，小程序电商背靠 10 亿个活跃用户，十分诱人，企业、创业者一定要想方设法抓住这个难得机遇。

能够为小程序电商带来高质量流量的 5 种运营策略如下。

## 一、找一个知名大品牌合作

知名大品牌在用户心智中有一定的公信力与信任度，因此比较容易吸引用户的关注，更容易获取优质流量。

小程序电商可以选择找知名大品牌合作，还可以通过知名大品牌的合作授权，与腾讯官方沟通，申请成为小程序新功能内测的支持方，优先体验小程序的新功能。由于用户可以提前享受小程序新功能的优先体验，这种“特殊”待遇会逐渐成为用户可以分享的一种荣耀。随着优先体验频次的提升，这种荣耀感也让用户在朋友圈、微信圈中主动分享小程序，小程序电商就可以获取更多的微信流量。

## 二、挖一名行业知名的大咖

小程序电商运营方可以挖一名电商行业知名大咖或者知名自媒体达人，让小程序拥有 IP 属性，以吸引更多用户的关注。

流量越来越贵，粉丝获取越来越难，通过行业知名大咖营造 IP 亮点，可以更好地在微信 10 亿名活跃用户中挖潜，让小程序在少花钱，甚至不花钱的情况下，也能源源不断地获取用户，打造自己的有效流量池。

一般来说，通过微博或微信公众号就能有效地联系到行业知名大咖。

## 三、建一个小程序电商矩阵

很多企业在运营微信公众号时，通常注册多个微信公众号，分别以不同的主题作为核心运营方向，以更好地获取微信流量。这种方法对于小程序电商来说也是适用的。

企业可以注册多个小程序，定位彼此不同，如可以有关于面部保养产品的小程序，也可以有关于身体护肤产品的小程序。这些小程序彼此独立运营，获取不同的微信用户，建立独立的流量体系，一旦有类似“双十一”“6·18”这样的大型活动，就可以联合起来，共同策划具有爆发性潜力的活动。

因此，建议在企业运营人员力所能及的前提下，搭建企业小程序电商矩阵，让小程序流量无忧。

## 四、请一名视觉大师为顾问

小程序承载了企业文化传播、商品销售、品牌塑造等多个使命。如何才能让这些使命顺利唤起用户对小程序的关注，是一个重要的问题。

解决这个问题的关键是让小程序在视觉上给用户很清爽、很舒适、很惊艳的体验，建议聘请一位视觉大咖作为品牌视觉顾问，让他为小程序策划一个独树一帜的视觉布局。给用户强有力的视觉冲击，可以让小程序在微信生态中受到更多关注，获取更多优质流量。

## 五、找一家微信支付服务商

当所有小程序电商运营者把精力集中在寻找线上流量的时候，线上流量的成本就会水涨船高，不过还有一个更加优质的流量获得方法，就是找一家微信支付服务商合作。

微信支付服务商拥有大量的线下客户，通过与这些微信支付服务商合作，就能间接地让他们为小程序导流，如当线下用户在餐厅吃饭付款的时候，用微信支付扫码收款就可以跳转到小程序上。

# 第三节　京东卖家小程序电商运营

## 一、京东小程序电商的大动作

### （一）微信搜索入口“搜一搜”

在众人期待中，微信小程序带来了利好消息，2018 年 6 月 14 日，微信“商品搜索”（图 9-1）正式出炉，已经可以实现大部分品类商品的直接搜索与展示，所有商品搜索结果均来自于京东自营，点击需要的单品后，可直接进入京东小程序的商品详情页下单和付款（当时只有京东参与内测）。

图 9-1　“搜一搜”入口

在搜索结果页，用户可以对商品的价格和销量进行排序，也可以自主选择品牌和优惠活动。作为京东卖家，建议时刻关注京东的动向，小程序电商会提供新的宝贵机会。

目前，微信搜索已正式升级为微信“搜一搜”，可以快速提供海量的信息与服务，除了搜索小程序、商品，还可以搜索天气、股票、医疗咨询、看病挂号等服务，音乐、游戏、小说、长视频、短视频等娱乐，新闻、百科、问答等热点。

（二）京喜

2019 年 9 月 19 日，京东拼购 App，更名为“京喜”，并正式开业。京喜是基于京东商家，利用拼购营销工具，通过拼购价及社交玩法，刺激用户多级分享裂变，实现商家低成本引流及用户转化的一个工具，主打“低价不低质”。

## 二、京东小程序流量闭环

### （一）第一环，流量为先

京东小程序的天然优势是能与京东无缝融合，可以把京东的老客户引流到小程序上，建立更稳定的流量渠道。

对于京东卖家来说，让小程序获得流量的方法主要有以下 4 种。

（1）把京东店铺积淀的老客户导流到小程序上。

（2）以腾讯社交广告为工具进行定向付费推广。

（3）积极报名参加京东举办的多种促销活动。

（4）找外部有效资源携手共同推广。

### （二）第二环，转化为本

尽力提升转化率，是获取流量的最终目的。

通过第一环建立了京东小程序电商流量通道后，接下来就要想尽办法让小程序实现流量变现，打造最高效的转化模式。

1. 京东小程序与自主开发的小程序的转化模式的不同

(1) 京东小程序电商是微信与京东生态的融合，转化模式受到双重规则制约；自主开发的小程序则仅仅受微信规则制约，转化模式相对可以大胆创新。

(2) 京东小程序受到京东开普勒营销工具的制约，流量转化工具有限；自主开发的小程序则不受京东的限制，可以基于转化的需求开发创造更多差异化的工具。

2. 京东小程序电商流量转化的主要方法

(1) 依靠京东开普勒后台的工具。流量的转化关键是使用工具，可以策划吸引用户转化的营销活动，如裂变红包、优惠券、卡包等。这种依靠开普勒平台的流量转化方法相对简单，只要多花点精力研究下这些工具，流量转化就没有太大问题。

(2) 不依靠京东开普勒后台的工具。如果商家策划的流量转化玩法不想受到京东开普勒平台的限制，建议单独搭建新的小程序电商，这样就可以依靠技术力量，策划市面上没有被玩滥的营销转化模式。如“积分+红包”裂变，这种玩法目前市面上还没有人玩过，用户通过抢红包与分享小程序获取积分，积分与红包之间可以自由兑换，用户使用红包可以直接购物，积分可以帮助用户提升会员级别。

这种不依靠京东开普勒平台的小程序电商要想实现较好的流量转化，重点要在技术与营销上进行突破，用技术作为营销门槛，用营销玩法高效地实现流量变现。在技术门槛的保护下，可以在短时间内快速获取较大交易额，让竞争对手根本来不及模仿。

### (三) 第三环，“老铁”为上

京东小程序电商不能完全依靠前期所搭建的流量通道生存，需要不断把转化过来的用户培养成为“老铁”（即忠实粉丝）。培养“老铁”，有两种形式。

1. 以会员制的形式

使用会员制是培养“老铁”用户的简单而有效的方式。通过设计合理的会员等级，吸引用户通过消费或分享小程序的形式不断升级会员等级，在用户升级的过程中可以提升用户对小程序的信任与依赖性，再在适当时候给会员发点红包、奖品鼓励一下。

通过会员制培养“老铁”，要注意三个问题：在激励用户不断升级会员的过程中，要用系统通知的形式给予状态反馈；在会员不断升级的过程中，要提示他们享受新等级的相关的权益与体验；会员级别是会员身份与权益的代表，不同级别要给予不同的身份展示。

2. 以新社群的形式

想让用户进化为“老铁”，仅靠强调身份与利益感的会员制是不够的，还需要情感纽带，这时候可以采用新社群的方式实现用户与用户、用户与小程序的情感交流。

这个社群会以小程序为载体。在小程序促销活动区或商品展示区加一个社群入口，用户通过参与活动、浏览商品进入社群后，开始实现与其他用户的沟通交流。

(四) 第四环，裂变为快

对于京东小程序电商运营者来说，只要把小程序页面的视觉做好，不断升级营销玩法，就会逐渐赢得用户的心，久而久之就会产生裂变口碑，打造自动成长的驱动力。

流量裂变有以下两条路径。

1. 以利益为裂变的驱动力

如分销就是常见的利益驱动的形式。如果用户可以通过小程序电商获利，那么小程序就能很快进入裂变模式。

有舍才有得，只有牺牲一部分利润，让分销商也能获取足够大的利益，他们才有分享的动力，才有可能让小程序进入疯狂裂变的状态。

2. 以情感为裂变的驱动力

情感是用户关系营销的关键，也会让用户主动向微信好友、微信群、微信朋友圈分享小程序。依靠情感实现流量、用户的裂变，有以下有两种思路。

（1）攻心型的裂变。要与用户深度沟通，了解他们的家庭情况，为孩子、老人等特殊群体提供爱心服务。这么做的目的就是让用户把小程序从“商品销售平台”升级为可以依靠的“好朋友”。

（2）参与型的裂变。举个例子，每个人心中都有一颗公益心，可以定期带领用户到不同的地方做公益，在做公益的过程中可以真正实现与用户零距离的心灵沟通，引导用户参与进来，通过小程序邀请更多朋友一起做公益，实现他们心里的公益梦想。

（五）第五环，合作为道

小程序是我们与用户连接的纽带，有时候可以考虑将小程序的访客升级为合作伙伴，将我们与用户的关系从“买卖关系”升级为更深层的商业合作，从而放大小程序的价值。

每个访问小程序并消费的用户，都有自身的资源库，如果能巧妙地将用户的资源挖掘出来为我们所用，就会让小程序具有巨大的竞争力。

多花点精力研究用户，想方设法挖掘他们背后可用的资源，与他们合作，让小程序实现大家共同的梦想。

## 第四节　天猫及淘宝卖家小程序运营

### 一、天猫、淘宝卖家小程序运营模式

（一）淘系卖家与京东卖家在小程序电商的运营模式上的不同

因为淘系店铺不能直接在微信生态中运营，所以天猫、淘

宝卖家的小程序从模式、玩法上都与京东小程序有很大的区别，主要表现在以下3个方面。

1. 小程序电商的搭建方式不同

淘系店铺没有京东开普勒的一键生成小程序的优势，只能考虑用第三方小程序技术平台（如有赞）把淘宝、天猫店铺的商品搬过去。

2. 小程序电商的商业模式不同

首先是连接方式不同。小程序不能直接把淘系店铺、微信公众号、小程序三者进行无缝连接，故建议卖家在商品包装、快递盒子上贴上小程序二维码或通过设置小程序红包领取的方式来逐渐把淘宝、天猫的用户引流到小程序电商平台上。

第一种，包装连接法。在每件商品的包装上贴上小程序二维码，并用适当的活动（如免费领礼品、领红包等方式）吸引用户扫码。

第二种，个人微信连接法。把淘宝、天猫后台的订单数据导出来，再利用个人微信批量添加客户微信，最后利用微信群发带有小程序二维码的活动图片，让用户识别图中二维码，进入小程序。

第三种，AI智能话务连接法。AI智能机器人可以自定义真人录音，与人工客服完美结合，然后根据不同用户的性格优化关联问题。店铺上线小程序后就可以设计一场有吸引力的活动，然后配合AI智能话务，定期沟通用户。

第四种，订单查询法。可以利用小程序的订单查询功能作为连接的方式，逐步把用户从淘宝、天猫导入微信公众号，再通过微信公众号与小程序的融合，最终实现小程序与用户的有效连接。

3. 小程序电商的运营玩法不同

淘系店铺不能直接利用小程序电商的流量优势，不过可以利用小程序为淘系店铺开创新的销售渠道。如可以用抖音创意玩法为淘宝、天猫拉一些外部流量，再配合直通车等付费工具提升淘宝流量。

### （二）天猫、淘宝卖家小程序电商的6种运营模式

#### 1. 再分流模式，打造淘宝卖家的小程序电商

纯电商模式的天花板越来越明显，卖家可以考虑利用小程序电商的社交化能力，把过去店铺积淀的会员与品牌流量分发到生活场景中进行二次变现。

如知名品牌良品铺子，在休闲零食领域里，从门店到电商都做得很成功，如今则开始利用小程序搭建自己的外卖体系，有“良品铺子外卖”“良品铺子+”等小程序，让电商平台上辛苦积淀的会员及品牌流量进入小程序，不至于长期处于“沉睡”状态。

#### 2. 会员制模式，让服务更加聚焦在精准会员上

京东如今实行会员制，推出PLUS会员服务。正式PLUS会员在京东商城上购买活动范围内的商品，将获得实付款价格一定比例的购物回馈，以京豆形式返还。京豆可直接用于支付京东网站的订单，这样就可以让用户更加忠于京东，提升用户对京东的依赖程度。

有以下3种具体的做法作为参考。

（1）加价成会员。可以和用户约定，首单加1元即可成为尊享会员。如原价89元的商品，用户只要再多付1元，就可以升级成为会员，而会员在购物时可以享受九折的优惠。这种方法的好处是降低用户的参与难度。

（2）消费成会员。可以和用户约定，消费累计达到一定的额度即可成为尊享会员。如用户消费满200元，可以自动升级为尊享会员。

（3）分享成会员。可以和用户约定，把小程序二维码或

商品页面分享到两个或两个以上的微信群，然后把截图发至指定的微信公众号即可升级成为超级会员。

实现小程序电商的会员制有很多方法，这里仅列举以上3种供大家参考，最终还是需要大家结合自身实际情况设计合适的会员模式。注意，无论会员制是如何设置的，要想获得成功，一定要用心设计好会员特权及准入门槛。

3. 共建人模式，让会员变成利益共同体

小程序电商可以把淘宝、天猫的会员巧妙地升级为共建人。所谓“共建”是指共同发起及联合创建某个项目，既参与投资也参与运营，获取利益的方式是通过分红型股权。

这种方式比较适合已经拥有超过500位单月购物至少1次的忠实用户的店铺。这些忠实用户对商家的产品很青睐、对品牌很信任，也有一定的经济能力，只要能把合作的方式、产品未来的赢利空间、需要承担的义务等信息表达清楚，他们大多数都会愿意做这个尝试。这种做法比传统的分销商更值得尝试，其带来的不仅是利益，还能吸引更多志同道合的人群策群力，让品牌走得更远。

4. 合作商模式，提供免费商品入驻的空间

小程序电商还可以给有货源的其他经销商或品牌商提供入驻空间。这些品牌商或有货源的经销商无须再花费金钱和精力自主开发小程序，可以与小程序电商运营者强强联合，扬长避短，实现共同获益。

作为有货源的经销商或品牌商，可以在“会员中心”界面申请入驻小程序。

5. 分销商模式，让分享成为购物后的标配习惯

小程序电商也可以采取分销商模式，让有资质的用户获得分销商资格。

如“足力健”小程序，用户可以在“我的”界面中申请成为分销商。

用户申请成为分销商后，由运营人员进行审核，审核通过后用户就可以通过分享足力健小程序获得一定的收益。在利益的驱动下，用户就会坚持分享，为小程序带来流量与订单。

6. 新社群模式，让小程序电商释放新社群魅力

过去淘宝、天猫商家主要是通过千牛、旺旺与客户沟通，这种沟通的门槛相对较高，客户需要先下载相应的软件才能与商家顺畅沟通，而且这些软件只能充当购物工具而没有社群能力。

小程序电商是集电商、客户、社交、社群于一体的新工具。商家可以基于小程序创建一个“电商+社群”模式。这个模式能够实现在线用户之间的问答，让有专业知识的用户去主动解答新用户提出的问题，在回答问题过程中，可以根据交流的关键词让老用户推荐商品。

还有一种以小程序为基础的视频型新社群。这种新社群由4个部分组成：底屋基于小程序的开发或搭建；顶部是震撼的商品视频；中间是一键购买的商品页面；下部是用户之间实时交流的社群。

## 二、天猫、淘宝卖家小程序电商成功的3个关键因素

天猫、淘宝卖家小程序电商要想做得成功，需依赖3个关键的因素：自身内功、用户体验、创新能力。

### (一) 自身内功

打铁还须自身硬。对于卖家来说，要练就一身强大的内功，必须重视两方面。

1. 拥有优秀的运营团队

运营团队的协作能力、创新能力、活动策划能力、营销能

力是小程序电商成败的重要决定元素。商家在组建小程序电商运营团队时要精心挑选，切勿草率，因为试错成本太高了。建议卖家的核心骨干直接担任负责人，亲自带队，对小程序定名、定位、描述、运营模式、阶段任务等每个细节狠抓，制定清晰的运营目标，建立严格的管理体系。

2. 打造高性价比的产品

小程序是工具，产品才是本质。为用户提供高性价比的产品是小程序运营的基础。

"高性价比"才能产生爆品，建议卖家在以下3个方面下工夫。

(1) 找到用户痛点。痛点就是用户最痛的需求点，也是产品创新的核心部分。没有找准用户的痛点，再大的创新也不会产生爆品，甚至很有可能成为失败的根源。例如在功能手机时代，诺基亚手机的抗摔性能与小键盘很受青睐，但到了智能手机时代，用户的核心诉求已经是手机的"更智能"，因此苹果手机风靡全球。

(2) 拥有极具诱惑力的价格。亚马逊创始人杰夫·贝佐斯曾说："在瞬息万变的零售业，什么是不变的？客户想要更低价、更快捷的配送、更多的选择，这些在未来十年里都不会变。"

价格始终是影响销售的最大要素。拥有极具诱惑力的价格，是让小程序电商加速逆袭的决定性要素。

(3) 跟随潮流。随着用户消费能力的提升，用户除了对产品的品质有更高的要求外，对产品外观设计也更加重视。更"潮"、更"炫酷"已经成为用户购买某个产品的重要原因。

(二) 用户体验

小程序对用户来说"即搜即用，用完即走"，所以小程序电商是为用户提供一个"短平快"的购物通道，需要用最直观、最强劲的视觉冲击力才能获得用户的关注。

每个小程序都可以按照自身的品牌特色进行视觉设计，形成自己的风格。

在视觉上，如何才能给用户提供一个良好的购物体验呢？需要做到以下八点。

（1）一个页面只能有一个重点，不要干扰用户的目标。

（2）一次只做一件事，不打断用户的操作流程。

（3）提供简单且一致的导航，让用户操作游刃有余。

（4）注意小程序的异常状态，及时给出响应，且让用户有路可退。

（5）页面配色设计要有严格的一致性，给人清爽的感觉，特别是导航栏和页面内导航的颜色。开发者在定义颜色时，要注意元素的辨识度，不能出现刺眼、可视性差的情况。

（6）注意屏幕尺寸与比例。移动设备一般是竖屏，且比桌面设备的屏幕小，故设计者需要懂得竖屏思维。

（7）指令要素要突出。可点击元素应该要保证足够大，以便用户能够有明确的点击反馈。

（8）整体页面架构要控制好文字或其他元素的间距。对小程序页面文字或其他元素进行排版时，这些文字或其他元素应适当放大，同时加大间距。

### （三）创新能力

小程序电商是去中心化电商，是社交电商、关系电商，创新能力是运营小程序电商非常重要的竞争力。

# 第十章　电商运营品牌策略

## 第一节　电商品牌的策略

对电商来说，品牌是决定其成败的最重要的因素。品牌对消费者来说，基本上等同于信任。没有品牌的产品和商品，在互联网上将会举步维艰，无论在销售数量上还是在销售价格上，均没有任何优势。

所以，要做电商就要先做好品牌。没有品牌就没有竞争力，更没有生命力。因此，电商品牌的策划和建立，对电商的发展、壮大来说具有举足轻重的作用。

我们知道品牌的建立需要一个长久的过程，需要做大量的基础性工作，而且每一项要尽量做得很好，才能满足用户日益提升的产品要求，这些就需要前期的品牌策划，后期的品牌建立则是一个长期的基础工程。

品牌的策划和建立是电商品牌的基础工作，是电商运营的重要组成部分。它的基本策略有以下几个方面。

一是塑造品牌的价值。品牌的价值具有多样性，例如，品牌的使用价值、文化价值、历史价值等。在塑造电商品牌的时候，必须从品牌的使用价值、文化价值、历史价值的角度去挖掘。

二是打造品牌的卖点。这里有两个概念，一是同质化，二是差异化。在打造品牌卖点上，要尽可能避免和减少与其他同类品牌商品同质化，而要在差异化上下工夫，也就是做到

“人无我有，人有我优”。这样才能在激烈的市场竞争中脱颖而出。

三是强化品牌的符号。品牌符合就是客户识别系统。要使你的品牌具有鲜明的特征，给客户和消费者留下尽可能深的印象为终极目标。

四是持续品牌的传播。这里说的品牌的传播，不仅仅是品牌的宣传，而是品牌文化的沉淀。这种品牌文化的沉淀，是品牌内涵与外延的综合体，是品牌生命力深层的东西，也是影响消费者根深蒂的“魂”。

以上四点基本构成了电商品牌策划和建立的基本策略。它的核心是让消费者对你的产品或商品产生信任，甚至“忠贞不渝”。在这个层面，非常典型的例子就是 iPhone 手机，事实上国内的很多电商都已经在开始学习 iPhone 手机的精致产品模式，凡客就是一个代表。凡客网站的首页不再像以前一样做大卖场，而是自主研发了非常精致的超高性价比服饰，至于新版的凡客能否再一次取得成功，还需要市场来验证。

## 第二节 让品牌独特

当一个行业完成初始发展阶段和达到一定规模效应后，同时也为了避免与同行业产品恶性循环竞争以致惨烈的价格大战，分化细分是其必然选择。然而，电子商务巨大网购规模的呈现，说明消费者也需要更加专业的商家来满足他们日益增长的需求，这也印证了市场细分的必然趋势。电商只有顺应需求，走专业化细分之路，才能为自己开拓可持续发展之路。

电子商务通过一根网线连接全国的消费者，事实上，它比线下传统渠道更容易进行细分品类的定位，一旦完成品牌定位，其销售爆发力远远超出线下实体企业，毕竟不受线下渠道拓展的限制。所谓分化，是指电子商务通过十几年的发展，其庞大的市场份额，势必会走向更加细化品类的定位，提供给电商更多的品牌机会。因为每个企业的能力和资源都很有限，与其做更多品类的拓展，不如聚焦做好一个细分品类，使之成为能够代表品类的品牌。

首先，细分市场中的品牌关键是品牌特征的创新，不是大众化的，而是某特定群体的需求。根据这个目标群体的动机、兴趣、偏好、收入、教育、品位等，倡导一种理念和风格，引领一种个性化的生活方式。在目标群体中形成良好的品牌声誉，以及给出品牌承诺，从而增加重复购买的可能性。其次，每个品牌的培育都经过漫长的过程，但在这个过程中，只要不断坚持和强化品牌特征，稳扎稳打，形成鲜明的不同于竞争对手的品牌形象及差异化优势，避免与众多大品牌正面冲突。

因此，在我们当前面临电商转型的今天，需做到以下两点：第一，只有通过定位细分品类市场，让消费者在网购选择产品时从过去的被迫选择或者以便宜为导向的选择，转为有目的性的选择，形成消费者选择品类产品或选择购物平台的时候有品牌联想。正如一些成功的电商品牌，如凡客衬衫、京东电器、麦包包等，它们无一不是基于品类的细分定位而成功的。只有这样，才能获得品牌溢价能力，才能存活并持续发展。第二，电子商务是以互联网为平台的面向全球的消费市场，细分市场一旦成功塑造品牌，凭借互联网排他性的特质，能够迅速占据更大的市场份额。这有别于线下企业受到区域性或渠道布局的限制，而更加凸显了电子商务的优势。

## 第三节　构造品牌价值

电子商务企业必须专注自身或在分化中专注自身的优势品

类，快速完善供应链层面的各个环节，包括产品制造、品控、客户服务等构成品牌的相关要素，把自己从差价商和批发商的定位中拉出来，为消费者切身解决各项需求，更好地满足消费者，以便在消费理性逐步提高的环境中快走一步。

产品是品牌最核心的资源，只有产品被消费者接受才会在消费者心目中积累起品牌的价值，否则品牌将无法生存。网络品牌的技术资源更加需要被优化，网页设计、细节展示、虚拟购物环境的设计、客户关系处理等对品牌的发展和培育有着直接的促进作用，是品牌的重要资源，不可小觑。同时，品牌通过对某些符号或形式来增加和传递价值，这些符号和想象使其蕴含了独特的内涵，赋予品牌特殊的附加值，让该品牌区分于市场上的不同品牌，然而如何提炼文化元素，是品牌设计者必须考虑的问题。

除品牌产品本身的附加值外，网上独特的购物氛围同样也是附加值资源要素之一，应该给予充分的重视和开发。选择在线推广和零售，网络品牌不仅要靠品牌自身的优势来体现，也要靠服务来体现和传播，具体表现在产品描述、客服人员的态度、服务质量、网站舒适度、配送快捷、售后等方面。在基础层次上，满足消费者品质上乘、价格合理的期望；在利益层次上，让消费者感受和体验到友好服务，以及轻松自由的购物过程。

## 第四节　电商品牌包装

品牌建设的过程应该像将一块原本平凡无奇的石头慢慢雕琢成令众人追捧的艺术品一样。而这样树立起来的品牌，也会“历久弥香”。这其中要对品牌及目标群进行精准分析，创造鲜明的品牌形象，塑造独特的品牌个性，这样才能让消费者在这个信息爆炸的时代，仍然对企业的品牌信息保持着深度的记忆。

除此之外，还得进行适当包装，高调行走在电商圈中。一些珠宝、黄金等企业在商城中开展电子商务活动时与银行共同捆绑，这就是一种包装即品牌借势，这不仅建立了品牌的权威性及公信力，而且大大提高了销量。当然，还可以运用各种网络营销方式进行包装，快速吸引网购用户眼球，帮助企业高调出现，吸引市场焦点，形成营销热点，刺激网民消费，否则企业只会在沉默中死亡。

电商们还要明白，不是为了开展电子商务而进行品牌包装，而是要明确现在是品牌时代，无品牌，便无成功可言。

## 第五节 品牌理念认可

具体来说，在市场竞争中，品牌一般会有三个方面的功效，一是通过瞬间的联想和品牌的扩散效应，提高消费者对产品的能见度；二是基于对附加价值的认可，降低消费者对价格的敏感度，促使竞争从低端的“价格战”走向高端的“价值战”；三是能增加消费者的忠诚度，使其愿意重复购买并长久相伴。事实上，品牌增强了客户和产品之间的快速“适配性”，减少了相互之间的沟通信任成本，尤其是能减少客户面对多种选择时的抉择成本和困惑。

品牌战略的实施首先得保证具备相关人才，一个品牌设计者及其团队应该有能力塑造和推广好这个品牌，这是成功的前提。而经营的艺术是换位思考，作为品牌设计者，应该观察和了解消费者并使消费者能够认同。然后建立一种企业或品牌的运作模式，在服务于别人的同时，传达自己的梦想和热情。每一部电影都是由制片人、导演、作曲、编剧、摄影师、演员和剪辑人员共同协作的结局。网络自创品牌也一样，需要每个人努力付出，且具备热爱生活、思维敏捷的特质，以及具有合作意识、认同品牌的强烈理念，只有这样才会在整个品牌塑造过程中不轻易改变品牌特征。

## 第六节 品牌危机处理

### 一、以实相告，坦诚面对

如果是产品质量存在问题，应公布原因，并做出改进承诺和具体行动，一是立即召回问题产品，相关产品的生产线停产整顿。二是委托国家及地方相关检测机构对所有产品进行全面检测并将检测结果对社会公开。最重要的是应积极配合国家质检总局等相关部门的检查整改，对相关信息不隐瞒、不欺骗。

如果是企业商业信誉问题，商业信誉本身就是企业一个日积月累的过程，而一旦企业出现这样的问题，表明问题已经不是一天两天了，而是持续了很长时间，只是此时的一个突发事件造成了企业不良的商业信誉的全面爆发。当不良的商业信誉呈现在广大消费者的面前，这代表企业将面临的是难以预料的危机，而此时商业企业想马上摆脱现在的不良商业信誉可以说几乎是不可能的。企业想挽回这样的局面，没有什么特效药，因为企业不良的商业信誉已经存在于消费者的脑海中，只能依靠企业长期坚持、不断努力，才可能最终根除人们的这种不信任，摆脱这样的局面，再次赢得消费者的信任。

### 二、培养企业危机意识，加强危机训练

伊索寓言里有这样一则故事：森林里的一只野猪不停地对着树干磨它的獠牙，一只狐狸见了不解地问："现在没有看到猎人，你为什么不躺下来休息享乐呢？"野猪回答说："等到

猎人出现时再来磨牙就来不及了！”野猪与猎人抗衡的武器，不是它那锋利的獠牙而是它那超前的“危机意识”。同样，在市场环境、竞争态势瞬息万变的今天，没有危机意识的企业，将随时面临不可预见的困难。危机是不可避免的，这时需要企业在危机管理中始终具有危机防范意识，积极进行危机防范准备，力求将危机发生的概率降低，危机发生后的损失降到最低。对危机的积极预防是控制潜在危机中花费最少、最简便的一种。正确对待危机的态度就应像奥斯本所说的那样：“使用少量钱预防，而不是花大量钱治疗。”

另外，企业在向员工灌输危机意识的同时，加强对企业员工的危机培训，增强企业员工的应变能力和心理承受能力，使员工掌握应对危机的基本策略也是非常重要的。如果员工不具备应变品牌危机的能力和应急处理的知识、技巧，那么即使他们有着很强的危机意识，企业有着完善的品牌危机处理措施，在危机发生时，实施的效果也会大打折扣。

### 三、反应迅速、及时

危机具有强烈的破坏性，一旦来临就会给企业品牌形象造成严重的伤害。因此，越早发现危机并迅速处理、控制事态的发展，越有利于危机的妥善解决和降低各方面的利益损失。可以说谁能第一时间做出反应，谁就掌握了主动。当危机爆发时，企业应及时做出反应，争取在最短时间内遏制危机发展的势头，防止事态进一步恶化。在企业危机中，一般是企业最受关注的时候，如果企业不能及时解决现阶段面临的品牌危机，很可能会导致企业生存危险。由于处理危机的紧迫性，企业应抓住重点，反应管理及时得当，只有品牌危机得到及时、有效的控制，企业才有可能化险为夷。

## 四、勇于承认，敢于承担

很多企业在面临危机时，第一反应就是还自己一个清白。然而，急于撇清干系，往往会给消费者留下不负责任的印象。企业需要牢记品牌跟证明孰是孰非没有任何联系。品牌危机时期，如何表明自己是一个有高度责任感的品牌，才是身处危机时企业必须认真思考的问题。面对危机，企业要坚决摒弃以下两种做法。

1. 不回应政策

危机发生之后，不少企业习惯性地采取不予应对策略，希望时间可以将此次品牌危机事件淡化，让此次危机事件在沉默中灭亡。殊不知，危机却已在沉默中全面爆发，并一发不可收拾。

2. 不低头政策

在危机发生后，很多企业采取的主要手段就是对此次品牌危机事件的反对意见进行全面打压，更有甚者将持不同意见的人树立为自己的敌对面，这是绝对愚蠢的行为。尤其是在企业与民众之间势力相差如此悬殊的对阵局面下，这样做往往会将民意推向弱势的后者。

以上这两种做法，可以说都是企业非常不负责任的做法的体现，而导致的直接结果就是，企业变得更被动，甚至企业失去了对整个事件的控制权。

## 五、查清原因，全面总结

当企业品牌危机得到有效控制时，品牌危机管理的重点则转变为危机恢复工作。虽然表面看来一切似乎都已经风平浪静，危机处理工作似乎也已经宣告结束，其实不然，危机的应急处理措施只是解了燃眉之急，而危机处理工作并没有结束，企业危机只是暂时得到了缓解。企业要想完全化解品牌危机，就必须尽快查明原因。

要想使企业品牌尽早从危机事件中恢复，重新在社会公众心中树立良好的企业品牌形象，这就需要企业对危机进行全面总结，找出存在的管理漏洞，以避免同类危机再次发生。企业可以通过回顾危机发生的原因、经过、处理方式、处理的效果及经验教训，把这些内容全部记录下来，编成文档保存，为企业将来处理危机事件时提供参考。

危机不仅只是给企业带来麻烦，如果企业能够处理得当，危机同时也蕴藏着无限商机。危机一旦爆发，不论企业能否安全度过，公众都将会对企业有更深入的了解，这无疑给企业带来了很大的发展机会。品牌的危机管理是一个复杂多变的系统、整体的工程，只有企业高度重视它，不断地去探究品牌经营管理过程中危机处理的各种办法和手段，企业对品牌危机处理的能力才有可能逐步增强。

# 第十一章　提升电商运营的服务品质

## 第一节　客服必备的知识和能力

### 一、网店客服应具备的专业知识

网店客服都需要具备哪些知识呢？

#### （一）商品专业知识

（1）商品知识。客服应当对商品的种类、材质、尺寸、用途、注意事项等都有所了解，最好还应当了解行业的有关知识、商品的使用方法、修理方法等。

（2）商品周边知识。商品可能会适合部分人群，但不一定适合所有的人。如衣服，不同的年龄生活习惯及需要不同，适合于不同的衣服款式；又如有些玩具不适合太小的婴儿。这些情况都需要客服人员有基本的了解。

#### （二）网站交易规则

（1）淘宝交易规则。客服应该把自己放在买家的角度来了解交易规则，以便更好地把握自己的交易尺度。有的顾客可能第一次在淘宝交易，不知道该如何操作，这时客服除要指点顾客去查看淘宝的交易规则外，有时还需要一点一点指导顾客操作。

此外，客服人员还要学会查看交易详情，了解如何付款、修改价格、关闭交易、申请退款等。

（2）支付宝的流程和规则。了解支付宝交易的原则和时间规则，可以指导顾客通过支付宝完成交易、查看支付宝交易的状况、更改现在的交易状况等。

（三）付款知识

现在网上交易一般通过支付宝和银行付款方式交易。银行付款一般建议同行转账，可以网上银行付款、柜台汇款，同城可以通过自动柜员机（ATM）完成汇款。

客服应该建议顾客尽量采用支付宝方式完成交易，如果顾客因为各种原因拒绝使用支付宝交易，需要判断顾客确实是不方便还是有其他考虑，如果顾客有其他考虑，应该尽可能打消顾客的顾虑，促成支付宝完成交易。

（四）物流知识

（1）了解不同物流方式的价格、如何计价、价格的还价余地等。

（2）了解不同物流方式的速度。

（3）了解不同物流方式的联系方式，在手边准备一份各个物流公司的电话，同时了解如何查询各个物流方式的网点情况。

（4）了解不同物流方式应如何办理查询。

（5）了解不同物流方式的包裹撤回、地址更改、状态查询、保价、问题件退回、代收货款、索赔的处理等。

## 二、网店客服应具备的服务态度

坐在办公室里通过聊天软件与客户沟通，接受客户的询价等，这是网店客服要做的基本工作。在与买家的沟通中，对买家保持谦和友好的态度是非常重要的。

（一）微笑是对买家最好的欢迎

当迎接买家时，哪怕只是一声轻轻的问候，也要送上一个真诚的微笑，虽然说网上与买家交流是看不见对方的，但言语之间是可以感受的到客服的诚意与服务的多用些旺旺表情，并说“欢迎光临！”“感谢您的惠顾”。

（二）保持积极态度，树立买家永远是对的理念

当卖出的商品有问题时，无论是买家的错还是快递公司的问题，都应该及时解决，而不是采用回避、推脱之类的解决方法。要积极主动地与买家沟通。买家的不满要反应积极，尽量让买家觉得自己是被受重视的；尽快处理买家反馈意见让买家感受到尊重与重视；能补最好再给买家补发货过去。除与买家之间的金钱交易之外，更应该让买家感觉到购物的乐趣和满足。

（三）礼貌待客，多说谢谢

礼貌待客，让买家真正感受到“上帝”的尊重，买家询问之前先来一句“欢迎光临，请多多关照”或“欢迎光临，请问有什么可以帮忙吗”，诚心致意会让人有一种亲切感，并且可以先培养一下感情，这样买家心理抵抗力就会减弱或者消失。有时买家只是随便到店里看看，客服人员也要诚心感谢，说声：“感谢光临本店。”

（四）坚守诚信

网络购物虽然方便快捷，但唯一的缺陷就是看不到摸不着。买家面对网上商品难免会有疑虑和戒心，所以对买家必须要用一颗诚挚的心，像对待朋友一样诚实地回答买家的疑问，告诉买家商品的优缺点，向买家推荐商品。

（五）凡事留有余地

在与买家交流中，不要用“肯定、保证、绝对”等字样，

这不等于售出的产品是次品，也不表示对买家不负责任的行为，而是不让买家有失望的感觉。因为每个人在购买商品的时候都会有一种期望，如果保证不了买家的期望，最后就会变成买家的失望。如已卖出的商品在运输过程中，卖家无法保证快递能如期到达，也不能保证商品没有损坏，为了不让买家失望，最好不要轻易说“肯定”“保证”。可以用“尽量”“争取”“努力”等，多给买家一点真诚，也给自己留有一点余地。

（六）处处为买家着想，用诚心打动买家

让买家满意，重要体现在真正为买家着想，这也是人人都知道的技巧。处处站在对方的立场，想买家所想，把自己变成一个买家助手。

（七）多虚心请教，多听听买家声音

当买家上门时，需要先问清楚买家的意图，需要什么样的商品，是送人还是自用，是送给什么人等。了解清楚买家的情况，才能对买家定位，了解买家属于哪一种消费者。尽量了解买家的需求与期待，努力做到只介绍对的不介绍贵的商品给买家。做到以客为尊，满足买家需求才能走向成功。

当买家表现出犹豫不决或不明白的时候，也应该先问清楚买家困惑的内容是什么，是哪个问题不清楚。如果买家表述也不清楚，客服人员可以把自己的理解告诉买家，问问是不是理解对了，然后针对买家的疑惑给予解答。

（八）要有足够的耐心与热情

常常会遇到一些买家，喜欢打破砂锅问到底。这时客服人员就需要耐心热情地细心回复，给买家信任感，不要表现出不耐烦。即使不买也要说声“欢迎下次光临”。如果服务好，即便这次不成，买家下次有可能还会回来的。在彼此能够接受的范围可以适当让一点，如果确实不行也应该婉转地回绝。例如说“真的很抱歉，没能让您满意，我会争取努力改进”或者引导买家换个角度来看这件商品让他感觉货有所值。总之，要让买家感觉态度的热情真诚。

（九）做个专业卖家，给买家准确的推介

不是所有的买家对店铺的产品都是了解和熟悉的。当有的买家对产品不了解时，就需要客服人员熟悉产品专业知识。这样才可以更好地回复买家，帮助买家找到适合他们的产品。不能买家一问三不知，这样会让买家感觉卖家不够专业，也不会在店里购买产品。

（十）坦诚介绍商品优点与缺点

在介绍商品时切莫夸大其词地介绍自己的商品，若介绍的与事实不符，最后失去信用也失去买家。

## 第二节　沟通技巧

在淘宝开店除良好的产品和美观的店铺装修外，优质的客户服务也是很重要的，有技巧的沟通可以促进商品的成交，提高顾客的回头率，建立店铺的口碑和品牌。

### 一、说服客户的技巧

一个善于用语言艺术说服顾客的客服人员，他的营销业绩要比不善于用语言艺术说服顾客的客服人员的经营业绩高得多。

调节气氛，以退为进。在说服时，首先应该想方设法调节谈话的气氛。如果和颜悦色地用提问的方式代替命令，并给人以维护自尊和荣誉的机会，气氛就是友好而和谐的，说服也就容易成功；反之，在说服时不尊重他人，拿出一副盛气凌人的架势，那么说服多半是要失败的。

争取同情，以弱克强。渴望同情是人的天性，如果想说服比较强大的对手，不妨采用这种争取同情的技巧，从而以弱克强，达到目的。

消除防范，以情感化。一般来说，在说服别人时，彼此都会产生一种防范心理，要想成功说服对方，就要注意消除对方的防范心理。

站在他人的立场上分析问题，能给他人一种为他着想的感觉，这种投其所好的技巧常常具有极强的说服力。

寻求一致，以短补长。习惯于顽固拒绝他人说服的人，经常都处于“不”的心理组织状态。对付这种人，客服人员得努力寻找与对方一致的地方，先让对方赞同你远离主题的意见，从而使之对你的话感兴趣，而后再想方设法将你的主意引入话题，而最终求得对方的同意。

赞美顾客。说服顾客，可以先从发现和巧妙赞美顾客的优点开始，使顾客得到一种心理上的满足。

## 二、应对买家砍价的技巧

网络交易，买卖双方是一对矛盾体，卖家希望以是高的价格成交，赚取最多的利润，而买家则希望以最少的费用购买到最好的商品。

在沟通过程中，买家一般会对商品的价格提出异议，进行讨价还价。讨价还价的过程可能直接影响乃至决定交易的成败。作为一个网店经营者必须掌握一些应对买家砍价的策略和技巧。这里就列出9种常见的应对买家砍价的技巧。

### （一）证明价格是合理的

无论出于什么原因，任何买家都会对价格产生异议，大都认为商品价格比他想象的要高得多。这时，卖家必须证明商品的定价是合理的。证明的办法就是多介绍商品在设计、质量、功能等方面的优点。通常，商品的价格与这些优点有相当紧密的关系，正是所谓“一分钱一分货”。卖家可以应用说服技巧，透彻地分析并讲解商品的各种优点。

当然，不要以为价格低了买家一定会买。大幅度降价往往容易使买家对商品产生怀疑，认为它是有缺陷的，或是滞销品。只要卖家能说明定价的理由，买家就会相信购买是值得的。

### （二）在小事上要让步

在讨价还价的过程中，买卖双方都要做出一定让步。尤其是作为卖家而言，如何让步关系整个沟通成败的关键。

就常理而言，虽然每一个人都愿意在讨价还价中得到好处，但并非每个人都是贪得无厌的，多数人是只要得到一点点好处就会感到满足。

因此卖家在沟通中要在小事上做出十分慷慨的样子，使买家感到已得到优惠或让步。例如，免费向买家提供一些廉价的、微不足道的小零件或包装品，则可以增进双方的友谊，从而有可能使商品成交。

### （三）较小单位报价法

较小单位报价法就是将报价的基本单位缩至最小，以隐藏价格的“昂贵”，使买家产生“价格不贵”的错觉。如名牌鞋垫一打是 12 元，那么说每双 1 元会让买家听起来很舒服；每千克海参价格达到 4 000 元，200 元 50 克更容易被人认可，买家听到这种形式不一样而实质却一样的报价，其心理感受是大不相同的。

（四）尾数报价

卖家报价时，保留价格尾数，采用零头标价，如报价为9.99元，而不是10元，使价格保留在较低一级的档次，这样，一方面让人感到便宜，另一方面又因其标价精确给人以信赖感。

（五）比较法

为了消除价格障碍，卖家在沟通中可以多采用比较法，往往能收到良好的效果。

比较法通常是拿所推荐的商品与另外一种商品相比，以说明价格的合理性。在运用这种方法时，如果能找到一个很好的角度来引导买家，效果会非常好，如把商品的价格与日常支付的费用进行比较等。

如一位家电卖家这样解释商品的价格：这件全自动洗衣机的价格是3 000元，但它的使用期是10年，这就是说，你每年只花300元，每月只花25元左右，每天还不到1元。考虑到它为你节约了那么多的时间，1元算什么呢？

（六）讨价还价要分阶段进行

和买家讨价还价要分阶段一步一步地进行，不能一下子降得太多。有的买家故意用夸大其词甚至用威胁的口气，并装出要离开的样子吓唬卖家，如“价格有点贵，我看看再说吧”，这时卖家千万不要上当，一下子把价格压得太低。卖家可以表现出很棘手的样子，使用交流工具打出一个思索的表情，实在没办法就比原来的报价稍微低一点，切忌降得太猛。

（七）讨价还价不是可有可无

首先，买家会相信卖家说的都是实在话，他确实买了便宜货。同时也让买家相信卖家的态度是很认真的，不是商品质量不好才让价，而是被逼得没办法才被迫压价，这样一来，会使买家产生买到货真价实的商品的感觉。

卖家千方百计地与对方讨价还价，不仅是尽量卖个好价钱，同时也使对方觉得战胜了对手，获得了便宜，从而产生一种满足感。假使让买家轻而易举地就把价格压下来，不仅没有获得满足感，而且还会有进一步压价的危险。

（八）不要一开始就亮底牌

有的卖家不讲究价格策略，一开始沟通就把最低价抛出来。这种做法其成功率是很低的，要知道，在沟通的初始阶段，买家是不会相信卖家的最低报价的。

（九）如何应付讨价还价型买家

在买家中，确实有一种人胡搅蛮缠，没完没了地讨价还价。这类买家与其说想占便宜不如说成心捉弄人。即使卖家告诉他最低价格，他仍要求降价。对付这类买家，卖家一开始必须狠心把报价抬得高高的，在讨价还价过程中要多花点时间，每次只降一点，而且降一点就说一次“又亏了”。这样降五六次，他也就满足了。

总之，面对买家的砍价，灵活运用以上策略，就能够轻松自如地应付。

## 三、如何与买家沟通

沟遍与交流是一种社会行为，是每时每刻发生在人们生活和工作中的事情。客户服务是一种技巧性较强的工作，作为网店的客服人员，更是需要掌握和不断完善与客户沟通的技巧。

（一）使用礼貌有活力的沟通语言

态度是非常有力的武器，当客服人员真诚地把买家的最佳利益放在心上时，买家自然会以积极的购买决定来回应，而良好的沟通能力是非常重要的，沟通过程中客服人员怎样回答是很关键的。

让我们通过下面关于小细节的例子，来感受一下不同说法的效果。

“您”和“MM您”比较，前者正规客气，后者比较亲切。

“不行”和“真的不好意思哦”，“嗯嗯”和“好的没问题”，都是前者生硬，后者比较有人情味。

“不接受见面交易”和“不好意思我平时很忙，可能没有时间和你见面交易，请你理解”，相信大家都会感到后一种语气更能让人接受。

（二）遇到问题多检讨自己少责怪对方

遇到问题的时候，先想想自己有什么做的不到位的地方，诚恳地向买家检讨自己的不足，不要上来先指责买家。如有些内容明明写了，可是买家没有看到，这时不要光指责买家不好好看商品说明，而是应该反省没有及时提醒买家。

（三）多换位思考有利于理解买家的意愿

当遇到不理解买家想法的时候，不妨多问问买家是怎么想的，然后把自己放在买家的角度去体会他的心境。

（四）少用“我”字，多用“您”

要从内心深处尊重客户，多用“您”，多写短句，多按“Enter”键，别让客户久等；少用“我”字，让买家感觉卖家在全心地为他考虑问题。

（五）表达不同意见时尊重对方立场

当买家表达不同的意见时，要力求体谅和理解买家，表现出“我理解您现在的心情，目前……”或者“我也是这么想的，不过……”来表达，这样买家能觉得卖家在体会他的想法，能够站在他的角度思考问题，同样，他也会试图站在卖家的角度来考虑。

（六）认真倾听，先了解买家的情况和想法，再做判断和推荐

有时买家常常会用一个没头没尾的问题来开头，如“我送朋友送哪个好”，或者“这个好不好”，不要着急去回复他的问题，而是先问问买家是什么情况，需要什么样的东西。

（七）多使用旺旺表情

旺旺表情是所有的交流工具中最美的表情。初次接触多用“微笑”“握手”，熟悉了用“憨笑”“大笑”“干杯”。表情是旺旺的优势，是沟通的润滑剂。

（八）经常对买家表示感谢

当买家及时完成付款，或者很痛快地达成交易后，客服人员都应该衷心地对买家表示感谢，谢谢他为我们节约了时间，谢谢他给我们一个愉快的交易过程。

（九）坚持自己的原则

在销售过程中，会经常遇到讨价还价的买家，这时应当坚持自己的原则。如果作为商家在定制价格的时候已经决定不再议价，那么就应该向要求议价的买家明确表示这个原则。

（十）保持相同的谈话方式

对于不同的买家，应该尽量用和他们相同的谈话方式来交谈。如果对方是个年轻的妈妈给孩子选商品，应该表现站在母亲的立场，考虑孩子的需要，用比较成熟的语气来表述，这样更能得到买家的信赖。如果客服人员自己表现得像个孩子，买家会对推荐表示怀疑。

## 四、应对不同类型的买家的技巧

网上有各种各样的买家，如何应对这些买家？下面是一些经验。

(一) 老手型买家

如果发现买家语言不多，简单问一下产品质量就决定拍下来的，可能就是老手。这类买家的网购非常有经验，可能他的买家信用很低，但有网购的经验，深知网购的运行模式，一般对产品的要求不会非常苛刻，只要产品符合大众要求，他都可以接受，这类买家是卖家最喜欢的。

(二) 新手型买家

当发现买家反复地询问产品质量以及邮费，在买与不买之间徘徊，网购信用低，他可能是位新手买家，对于这类买家需要细心地讲解，让他了解网购模式，以后可能会成为忠实的买家。

(三) 讲价型买家

其实，买家多多少少都会有讲价的冲动，如果卖家的商品有价格或质量优势，让他理解产品的价值所在，最好可以具体说明卖家的产品与其他产品的差异，当他购买后会觉得物超所值，也很有可能成为店铺的忠实客户。

(四) 猛砍价型

这类买家总是认为卖家赚得很多，使劲地砍价，砍得卖家差点要“跳楼”了。常见的就是买家以“别家比你的便宜”为借口。无论怎么解释，他都听不进去，以不买相威胁，甚至强制让卖家包邮。对付这种买家必须警惕，只要坚持自己的产品有价格和质量优势，坚决不让砍价，因为砍一次他就会砍第二次，砍到卖家亏本为止。遇到这样的买家，卖家要转移话题，如可以送对方一点礼物、解释卖家开店不容易等，尽量和平友好沟通以保证其利润。

(五) 笑里藏刀型买家

遇到这种类型的买家，卖家一定要多注意方式方法。首先买家会先要求需要价格的优惠，然后开始转移话题，等卖家与他聊了许久后，他会再提醒需要优惠，继续转移话题。最后常常以一句话结束“不给优惠我不买！嘻嘻!”，而当卖家给了优惠后他会继续要求包邮或赠送小礼品。如何对付这种买家呢？如果他说要价格优惠，请直接告诉他商品是物有所值的，价格已是最低，无论他聊什么话题都要坚持原有价格。

## 五、坚持售后回访，提高销售额

很多卖家也许会纳闷为什么卖的同样的物品、同样的定价，人家的生意永远那么火爆，而自己的却总是那么冷清。

做生意不是做完一笔生意就完事，而是要做回头客的生意。所以东西卖出去、钱收回来之后，卖家还要定期和买家进行交流、沟通、回访。在选择回访对象的时候，不仅要选择再次购买可能性大的客户，还要兼顾其他客户，因为他们永远是潜在的客户。

### （一）建立客户档案定期回访

把客户的姓名、联系方式、地址、购买的商品做一个详细的清单，方便假日的时候问候买家。

### （二）节假日信函回访、问候顾客

定期对买家进行回访，在节假日花几分钟时间真诚地给买家一封贺卡、一个留言问候等，都有助于维护客户关系，买家也会感到卖家很尊重他，惦记着他，等他再次购物时会想起卖家。

### （三）电话回访

电话回访的最佳时机就是估算买家大概的收货时间，这时回访有几个方面的好处。一是让买家觉得在关心他，若是没有收到货可及时为他查询；二是有利于买家及时做出好评。买家因为卖家热心周到的服务而感动、感激，觉得卖家是个可以信赖的卖家。卖家也就赢得了更多的回头客，生意也越来越好，而且还交了很多朋友。

（四）定期促销广告

组织一个主题活动进行促销，如新品上架、每月推荐、节日主题等形式，然后发广告给老客户鼓励他们参与。

（五）转介绍策略

对于成功买过产品的客户，要他介绍自己朋友来买，卖家可以送一些小礼物给他，这类特别适合产品有竞争力的店铺，以好货吸引客户二次购买。

无论是在交易中还是交易后，都要以客户为中心，把客户永远作为上帝，这样才能赢得客户的信赖，才能做好网上销售，提升营业额。

## 第三节　处理退换货和冲突

作为卖家，在交易中肯定多多少少都会遇到不少退货的投诉者。

### 一、制定合理的退货和换货政策

退货和换货在交易中经常发生，而退换货服务的好坏直接影响着买家能否再次购买。

（一）先对退换货进行说明

能否方便地退换货，是影响买家购买动机的最大因素，甚至超过了买家服务对商品的选择。所以，应清楚、明白地告诉买家：什么样的条件下可以退货；对于款到发货的情况，退货后多久可以将款退还给买家；往返运费由谁来承担。这些问题不说清楚，往往会让不少卖家犹豫不决。所以，在店铺中最好能有退换货情况的说明。

### （二）当卖家提出退货时应先了解原因

当买家提出退货和换货要求的时候，作为卖家，首先要了解买家为什么要换货，确定是由谁的原因造成的，也就是责任归属问题。退换货的原因通常有以下几种情况。

（1）商品的质量问题。

（2）买家所收到的商品与描述和图片不符。

（3）商品本身没问题，买家只是想更换商品。

（4）商品运输过程中的磨损。

（5）买家使用不当，引起商品损坏。

如果是卖家的责任，要勇于承担，同时要尽快同买家达成换货协议，否则容易使买家感到失望而丧失再次购买的欲望；如果是买家的责任问题，一般是不予退换的，但也要向买家详细地说明原因，最好能为对方提供相应的弥补建议，切忌在沟通中冷言冷语。

### （三）界定退换货运费归属问题

通常情况下，运费的归属问题是根据责任的划分来确定的，像由于商品的质量问题、运输磨损等引起的退换货要由卖家负责运费，而由于买家的原因，例如想换一种产品或买家使用不当造成的商品损坏引起的退换货则应该由买家负责运输。

## 二、怎样避免买家退货

在淘宝网买东西，买家要求退货，通常有3种情况：第一是产品有缺陷，有质量问题；第二是产品本身质量完好，但是产品过时，技术落伍，买家后来反悔了，特别是衣服类的产品，常常是买家收到之后，以“我不喜欢，款式不是图片上的”等来要求退货；第三是在质量保证期或维修期内被退回，要求更换或者维修。

退货已是每个商家必须面对的一个重要问题。那么商家如何预防退货，使得退货损失最小化呢？

（一）制定合理的退货政策

对退货条件、退货手续、退货价格、退货概率、退货费用分摊、退货货款回收以及违约责任等方面制定标准。利用一系列的约束条件，平衡由此产生的成本和收益，且一定要多熟悉淘宝网规则。

（二）加强验货

加强验货服务，可以在进货等多个环节的各个过程进行，以确保发货商品无质量问题。

（三）引入供应链信息化管理，建立IT预警系统

现在的管理基本是“手工+大脑”，属于粗放化管理体制，无法准确、实时地把握商品管理的每个细节。沃尔玛建立世界最先进的供应链信息化管理系统，能精确、全面、适时地把握全球任何地方每一个卖场销售业绩的细节，这使沃尔玛退货率在全球最低，平均不足0.5%。在淘宝网，专业化的或者说皇冠以上的卖家都引进了客户管理系统，只要买家报上他的名字或者会员名，就可以查看他具体的消费情况。

（四）有效进行单品管理，减少商品退损率

商品管理是相对于传统的商品实行的柜组管理、大类管理而言，实行单品管理，以便于管理人员准确、全面、实时地把握每一件单品网店销售业绩的细节，及早组织货源，发现买家最喜欢、对其有价值的优良商品。

（五）少进勤添

采取“少进勤添”的进货方式，加大对进货质量的管理

力度和把握好进货种类。加强每日销量的预测，不要一次进太多的产品，合理高效安排供应货，少进勤添，以减少盲目进货的“危险”，千万不要贪图进货量大就可以得到便宜的价格，如果销售不出去，资金就周转不了。

### 三、合理处理矛盾和冲突

在交易过程中，买卖双方发生矛盾和冲突有时是不可避免的，如果不妥善解决矛盾和冲突，不但会影响这笔生意，而且会直接影响店铺的信誉度。加入消费者保障计划的卖家更加需要重视交易纠纷的处理，因为参加消费者保障计划的卖家有一定的资金被淘宝冻结，如果问题处理不当，淘宝网可能会使用冻结的保证金对买家进行先行赔付。

如果卖家在网上与买家吵架，可能卖家会占上风，但从长远来看，失败的总是卖家。

因为有些买家会发起投诉，甚至在社区中发表不利于店铺的言论，这样的结果是得不偿失的，事实上好评率高的卖家遇到的麻烦未必会少，而是他们懂得如何巧妙地应对冲突，化解矛盾，而不是回避纠纷。可以从以下几个方面多加考虑。

一是有些买家在交易遇到问题时言语会比较激烈，面对此类买家，作为卖家则需要保持冷静，尝试站在买家的立场考虑问题，冷静地倾听买家的抱怨。双方的目的是解决问题，在任何情况下都要冷静，即使对方提出无理的要求，切忌发火，因为发火对解决问题无济于事，只能火上浇油。

二是积极与买家沟通找出问题所在，了解买家所抱怨的是商品品质问题，还是物流的原因，或者是卖家的服务问题等。

三是耐心解释情况，如果责任在卖家，要尽量争取对方的谅解。

四是找到问题所在之后就可以对症下药解决问题，与买家协商并提供若干切实可行的解决方案，共同解决问题。如果问题实在无法沟通解决，卖家可以适当做些让步。在问题的解决上一定是越快越好，拖的时间越长往往会加重买家的不满情绪。有经验的卖家会提供几种解决方案，供买家选择，并询问买家对解决问题有什么建议，最终采用买卖双方都可以接受的方案。

五是问题解决后，需要对买家进行回访，了解问题产品的使用情况，增加客户的信任度，同时也可以争取好评，避免投诉。

## 第四节　对待中评或差评的处理

网店经营中，难免会碰到一些急躁的顾客，在卖家还没有做出反应之前就开始抱怨，在销售的过程中给了差评，如果不能正确处理买家的抱怨，那么将给店铺带来极大的负面影响。因为一个不满意的买家可能会把他的不满意告诉他身边的朋友，并且给店铺一个差评，其破坏力是不可小觑的。

### 一、对待买家的中差评

一定要积极地回应买家的抱怨，适当地对买家做出解释，消除买家的不满。

作为卖家，莫名其妙得到一个差评，不仅会被扣分还会觉得被冤屈。在看到有差评时，要心平气地看看是什么原因造成的。一般差评有如下几种情况。

一是心急的买家抱怨物流速度慢。

二是对客服人员的服务态度不满意。例如，有些客服人员总是一味地介绍自己的产品，根本不去了解买家的偏好和需求，同时对买家所提出的问题也不能给予满意的答复，或在销售的过程中，出现轻视顾客、不信任顾客的现象。

三是买家对产品的质量和性能不满意。出现这种抱怨的原因很可能是因为广告夸大了产品的价值功能，结果当买家见到实际产品时，发现与广告不符，由此产生了不满。

如果是卖家的过错，要想办法去弥补，即使是运输过程出了问题，也不要让买家去完全承担。但是往往就是有些人抓住卖家这种心理，利用差评要挟，特别是新手卖家，一定要注意。如果遇到以差评要挟的，一定要找到有力证据，与这样的买家斗争到底，坚决维护自己的利益。

如果卖家在第一时间承担了错误，买家就会感觉到卖家是有责任心的，气就会消下去大半。如果卖家又立刻拿出处理问题的方案，大多数买家就都会心平气和跟卖家协商解决。

买家中有没有贪小便宜的人呢？当然会有，但一定是极少数。聪明的卖家在遇到差评时，首先想到的是：第一，买家的意见里有没有值得自己改进的地方？如果有，早改比晚改好；第二，能不能用这样的机会，向潜在的买家表明自己对待错误的责任和出色的售后服务管理制度。这样做就会扩大自己的关注度。

一般情况下买家都是很好的。尽量和买家沟通好，如果认为买家提出的问题可以通过换货解决，那就尽量换货；如果买家提出的要求，换货也解决不了，那就退货。

## 二、避免买家的中评或差评

卖家都很关注信誉评价，虽然评价不是最重要的，但小小的中评或差评对于店铺经营会带来不小的影响。买家小小的评价都会牵动卖家敏感的神经。随着新规则的出台，好评率也成了搜索排名的主要因素，这使得很多卖家开始重视好评。那么，怎么才能避免买家的中评或差评呢？

### （一）商品质量是根本

作为卖家首先要保证的是商品无质量问题，确保交易诚实，服务良好。网上购物，买家只能通过图片和商品描述来了解商品，如果商品是实物拍摄，商品描述是全面客观的，那么因商品质量问题而引起的中差评机会就会大大减少。即使买家收到货后由于个人原因不满意，他可能会找出其他的理由要求退换货。这就到了下面要说的“服务”。

（二）服务态度是决定好评的法宝

商品没有质量问题，买家却要求退换货，怎么办？遇到这种事情，首先要反省一下自己，在买家购买前有没有给买家做详细的解释，质量问题包退换，但前提是货物要完好，无质量问题，退换货邮费自理。如果确实是卖家原因，力所能及积极退换货，也是减少中差评的有效途径。从长远考虑，退货远比得到差评合算，很多卖家拒绝退货，得到中差评后反而乞求买家修改，甚至给予退款，这样不如一开始就痛快退货了事，要知道钱是赚不完的，但精力和时间是有限的，不要做得不偿失的后悔事情。

还有很多问题是由快递的送货态度和送货时间导致的，多与几家快递公司合作，可以提前询问下买家希望发哪家快递。

（三）买家的风格决定你是否能得到好评

用最通俗的话说就是，买家来买东西，你要评估一下买家是属于哪类人，再决定要不要和他交易。卖家的百分百好评离不开买家，因此，在交易前查看一下买家的信用度，买家对别人的评价以及别人对买家的评价，再综合各类买家的不同特点来区分对待。

（1）一直要求优惠的、反复讨价还价的买家。这类的买家很多都是想满足下成就感，感觉自己一次杀价成功，心里很舒服。

应对技巧：遇到这类买家要先看一下他的信誉度，如果有中差评要看一下中差评里的评价内容。遇到这类买家要么给他一些价格优惠，要么赠送一些小礼品，买家收到商品的同时，必定给予大大的好评。当然另一方面也要综合考虑一下自己能否满足他的胃口，如果满足不了就不要勉强交易，因为这样的买家有可能因为没有达到自己的目标，就以中评或差评作为报复手段，到时候吃亏的是自己。

（2）新手买家，随意评价。这类买家往往第一次来网上购物，买卖信用都为零。他看上了店铺的商品，但他们对网络交易还很陌生，对卖家缺乏信任，这类买家需要卖家有足购的耐心去引导他们。因此在购买前，不妨多与他沟通，能让他对卖家产生信任是很重要的，这类买家最大的缺点就是发货后不及时确认货款，不给评价，或者不联系卖家就随便给中差评等。

怎样确认他是新手买家呢？一般我们看注册时间、星级，再就是通过聊天来了解他们的性格。对于这类买家，要多引导，通过言语沟通建立信任，事先解释清楚需要买家配合的环节，达成共识才能愉快交易。

（3）喜欢给中评的买家。在这类买家的信念当中，中评就等于好评，如果碰上这样的买家，若卖家重视好评，还是不要交易为好。

（4）上来就威胁你“不要有色差，不要有质量问题，否者直接差评”的买家。一般这样的顾客都是大买家，常在网上买东西。他知道这样卖家会认真核对货品，仔细检查货品。

### 三、引导买家修改中评和差评

中差评是开网店不可避免的情况，很多中差评都是由误会引起的，卖家在跟买家沟通后都能得到修改。

如果你是卖家，当你收到中差评时，千万不应盲目抱怨甚至投诉买家。这样只会激怒对方，使问题没有了解决的余地。先冷静客观地分析一下情况，如果自己确实有过错，应诚恳地向买家道歉，承认工作上的过失，达成一致意见后，卖家可以提出自己的要求，如“我有个小小的请求，您能否为我修改一下评价？真的很感谢您为我们提了很好的建议和意见，希望以后多多合作！”通常买家也不会因为一点小事伤了和气，一般都会同意修改评价。如果买家不知道如何修改评价，卖家可以把修改评价的方法告诉买家。

不过，如果买家不愿意对评价进行修改，也要保持理性的态度，有少数几个中差评也是可以理解的。

# 第十二章 电商运营的包装及配送

## 第一节 包 装

商品包装是商品的重要组成部分，它不仅在物流配送过程中起到保护商品、便于流通的作用，而且可以提高商品的整体价值。美观大方、细致入微的包装不但能够保护商品安全到达，而且能够赢得买家的信任。

### 一、不同商品的包装方法

包装不仅指商品物流运输过程中的外包装，还有买家拆开物流包装后看到的包裹商品的内包装。一个合理的包装能给买家留下好印象，增强商品的感官价值，同时减轻买家对商品的“挑刺”心理。由于包装要符合商品的特性和不同运输方式的要求，商家需要根据不同的商品掌握不同的包装方法。

(一) 礼品饰品

礼品饰品类商品需要用包装盒及纸箱来包装。可以在当地的批发市场或在线购买礼品盒以及适合礼品盒尺寸的外包装纸盒。由于这种包装方式属于“盒中盒”情况，并且为了减轻在运输中发生的颠簸，一定要在使用纸箱包装时添加填充物，这样才能将礼品盒固定在纸箱里。作为礼品类商品，还可以提供一些附赠服务，如饰品的认证证书、品牌说明、祝福卡片代签服务等。

（二）纺织类商品

纺织类商品一般不用担心挤压的问题，商家主要需要解决配送中的磨损、浸水、褶皱等问题。由于商品质地较为柔软，可以直接选用袋装产品作为第一道包装材料，选择贴合商品大小的袋子，在防水的同时还能起到保持商品整齐度的作用。一般来说，服装类的商品可以选择价格较低的聚乙烯（PE）包装袋，床上用品类的商品普遍较厚重，单薄的自粘袋已经不能起到很好的封存作用，这时候就需要聚氯乙烯（PVC）软包袋。了解清楚商品的内包装情况后，再来选择物流运输时需要选择的包装。若选用防水塑料袋作为商品内包装后，为了避免商品包装破损，可以选择适当规格的纸盒进行外部包装。但是对于选用无纺布包装商品的卖家来说，基本上已经解决了商品运输中可能发生的磨损和褶皱的问题，这时候在选择物流包装时可选用物流公司提供的防水包装袋，或者采购工业保鲜膜对商品进行缠绕包裹，增加防水保障。

（三）电子类商品

电子类商品属于易损坏的贵重物品，出现轻微的碰撞都有可能对其造成损坏。为了减小卖家的损失，其包装要注意防水、防震、防压，因此最好使用包装盒并使用泡沫或者充气袋等专业填充材料。在条件允许的情况下，可以采用多种填充物混合使用，以达到包装盒内不留空隙。另外，应该在包装盒的显眼位置用红色大头笔写上“易碎、勿压”的大字样，这样较为稳妥。商家配送该类商品时要注意，尽量对商品进行保价处理，避免在运送过程中出现破损却得不到应有的赔偿的情况。

（四）易碎品

易碎的商品在包装时需要采用特殊的材料及方法。为了保证易碎品在流通过程中不被损坏，通常会对商品本身遮罩一层缓冲包装，然后选用一定抗压和耐戳的材料充当商品的外部保护，这样的包装方式可以在正常运输条件下基本保证商品完好。

（五）食品

食品的包装需要注意防压、防潮以及同箱商品之间的相互挤压，所以一般采用纸箱加充气袋的方式进行包装，由于食品受到保质期的制约，卖家需根据买家下单地点，酌情选择快递发货。

（六）印刷品

寄送印刷品（如图书）的重点是要做好防潮工作。很多商家在进行图书包装时仅使用快递提供的物流袋进行包装，这样无法保证运输中图书不被磨损。建议卖家对于书籍类商品可增加一层硬纸保护，避免书籍折角破损。

（七）化妆品

化妆品大部分是霜状、乳状、水质品，这种质地的产品在快递的选择上较为受限。由于化妆品在物流运输途中经常泄漏，所以除包装要不易破损外，同样还需做好防漏工作。邮局对液体类物品有专门的邮寄办法，按照规定应该使用棉花裹好后用胶带缠绕，并且再装入一个塑料袋中。另外，如香水这样的易燃液体，是不允许走空运的，所以需要对包装进行“加厚”处理，使用透明的气泡纸，在香水盒上进行多圈缠绕，然后用透明胶带紧紧封住，为了确保更为安全，最后把裹好的香水放入小纸箱。

## 二、包装细节

精美的包装能够提升商品的整体形象，给顾客留下好的印象，但是若想在激烈的竞争环境中脱颖而出，更要多花些心思来提升商品的延伸价值，从而进一步满足顾客的心理需求，完善商品的使用价值。

（一）赠送小礼品

商家邮寄商品时，可以赠送一份小礼品，礼品并不需要很贵重，但是要实用。例如，三只松鼠会为顾客增加一份果皮袋和开果器，相比于商品的价格而言，这些小礼品的价格并不算高，但是却为顾客提供了很大便利，也获得了顾客的信赖。

（二）问候小卡片

问候小卡片可以是商家统一印制，也可以针对顾客特制。例如一些生日礼品店会提供温馨卡片，顾客为朋友或亲人订购生日礼物时可由商家代写卡片，送出祝福表达心意。小卡片以信件的形式，唤起人与人之间感情的交流互动，提升顾客对商家的好感，有利于稳定老顾客。

（三）操作说明

对于需要组装或者使用较为复杂的商品来说，商家能够提供一份详尽的操作说明是非常有必要的。看似只是一张单薄的纸，但是对于顾客来说却代表了满满的关怀。这样的行为不但赢得了顾客的好感，更能减少店铺客服的工作量。

（四）热卖商品介绍

不是每个顾客都有耐心看商家店里的所有商品，所以商家在快递商品时可以添加一份店铺的商品推荐单，最好是店铺里热销或者新上架的商品，起到关联商品相互促进销量的作用。

## 第二节　配　送

若想开展好电子商务业务，物流配送是一个很关键的因素。对于很多新的店铺而言，物流配送费只是与物流公司签订协议时标明的运输费用，然而，就整个网店开支而言，物流费包括邮寄费用以及商品的包装费用等，高昂的物流费用无疑会增加店铺运营成本，商家为了获得期望的利润，就会增加商品价格或者调高物流费用。顾客网购时，当同样商品的价格、质量相差无几，顾客更多地会关注产品的包装以及商家提供的物流配送服务，因此，处理好物流配送问题对于网店运营来说也是至关重要的。

## 一、主要发货渠道

有些商家认为负责配送商品的就是市面上常见的快递公司，无论自己的商品是什么，都去联系快递进行配送。然而，体积较大的商品选用物流公司配送更合适；邮政体系的配送服务可以节约配送成本。以下将介绍几种电商常用的配送方式。

### （一）邮局

邮局的邮费单价按照标准统一制定，不能讨价还价。相比市场中的各种快递公司来说，邮局安全保障性能较强，对邮寄物品属性有严格要求。邮局也推出了适应市场的不同服务类型，包括平邮、快递包裹、中国邮政快递（EMS）等。

#### 1. 平邮

平邮包裹价格实惠，每 500 克为一个计费单位，按照寄递里程分区核订，其中包括了 3 元的挂号费，但运输时间一般为全国 7~30 天，平邮不会送货上门，邮递员会事先将通知单发送至家庭信箱或门卫，用户需要凭通知单和收件人身份证去指定邮局领取包裹。商家可以在网上买到打折的邮票和包裹单，一般有 7 折优惠甚至 5 折优惠。邮局的工作人员会向你推荐包裹单、快邮、保险保价之类的产品，商家根据自己情况选择接受或者拒绝。邮局的包装费用较贵，商家自己可以自备剪刀、胶带制作包装材料，但是必须符合规定。另外，自己可提前对包裹进行称重，初步计算邮费。

2. 快递包裹

快递包裹是中国邮政为适应社会经济发展，满足顾客需求，它以快于普通包裹的速度、低于特快专递包裹的资费，为物品运输提供了一种全新的选择。

3. 中国邮政快递（EMS）

中国邮政快递（EMS）是中国邮政提供的特快专递服务，中国邮政快递（EMS）业务包括国内所有市县，延伸至亚洲各地区，主要是采取空运方式，加快递送速度，根据地区远近，一般1~8天到达。该业务在海关、航空等部门均享有优先处理权，它以高速度、高质量为用户传递国际国内紧急信函、文件资料、金融票据、商品货样等各类文件资料和物品。相对于平邮和快递包裹，EMS寄送速度最快，货物丢失损坏率一直维持在1%以下，安全性较高，而且为了保证服务质量，法定节假日均保持营业，天天配送（农村地区节假日除外）。但是EMS收费贵，包裹重量在0.5千克内收费20元，超过部分每递增0.5千克按所在地区不同收费标准不同，而且部分地区派送物件之前不会联系收货人，有可能导致收货人不在收货地点，耽误货物接收。

（二）快递公司

目前国内市场上除了邮政之外还有很多快递公司为人所熟知，如圆通快递、顺丰快递、申通快递等。快递公司主要有以下特点。

（1）快递公司为地方承包制，物流费由当地公司制定，可以还价，且价格适中。

（2）快递公司主要邮寄中小型商品，且直接交付给接收人，能够提供货到付款服务。

（3）快递公司人员素质参差不齐、管理监察制度尚不完善，致使各个快递公司之间的安全保障和服务质量有很大差别。

（三）物流托运

物流托运主要为大型货物或整体数量较多的货物提供运输服

务。托运前，货物必须严格按照合同中有关条款进行包装并标记。

1. 汽车托运

运费可以到付，也可以现付。货物到了之后可能会再向收货方收取一定的卸货费。一般的汽车托运不需要保价，当然，有条件的话可以选择进行保价，保价费一般为货物价值的千分之四左右。

2. 铁路托运

一般铁路托运价格较低，速度较快，但是只能选择火车到达的地方。火车站有货物运输费用价格表。包装完好的货品，一般不打开检查。价格比较高的物品，一般需要拿传真件和身份证提货，运费需现付。

3. 物流公司

物流公司的代表有远洋、华宇等，相比于托运站点对点的模式，物流公司可以转运到一个城市中的几个点，增加了很大的便利性。但是物流公司的物流速度慢，中转次数多，所以对于配送货物的包装要求较高，避免造成破损。

## 二、物流异常的处理办法

洽谈好物流配送后，即便包装到位也不能保证物流配送环节万无一失。长期经营中，商家会遇到很多棘手的物流问题。以下对常见的物流异常情况及处理办法进行介绍。

### （一）商品丢失

虽然我国的快递行业发展速度很快，服务水平越来越高，但商品邮寄丢失这种情况还是时有发生。且不说人为导致的商品丢失，即便是自然运输过程中也可能出现商品丢失的现象。一家销售热水器的店铺在一次发货时就遇到了丢失商品的情况。商家在发货的时候在外包装四周增加了密封护板，避免运输过程中磕碰商品表面，而快递单子也就贴在了护板上面。但商品发货之后，顾客一直未收到货，联系快递公司后发现，商品确实到了当地，但只剩下护板，由于远距离的运输，在中转的过程中护板和热水器包装分离，最终导致了商品丢失。遇到顾客反馈迟迟收不到商品时，首先要跟快递公司联系，核实物流情况。如商品丢失，通过系统查找丢失环节，确认责任方。当快递公司承诺商品为快递公司丢失，他们会做出相应理赔。此时，商家需要优先跟顾客联系，告知其具体情况，在安抚顾客情绪的同时，协商是否重新发货。此外，要跟进快递公司的解决方案，对商品及运输等损失的赔偿进行协商。

（二）商品破损

再周到的包装也只能减少商品破损的可能性，磕碰损坏还是避免不了的。遇到这样的问题，商家应该学会如何处理。运输易碎产品时，一定要在商品描述中反复提醒“收到货要当场开箱验货”，一旦顾客不验货，直接签收，快递员走后商品出现问题，快递公司是不会承担责任的，所以要提醒顾客第一时间验货，表面没问题，也要打开纸箱，看看内部是否有损坏，否则物品运输的破损和赔偿问题会有很大争议。例如，出售一款吊灯，顾客收到货后，发现纸箱完好，没有当场开箱验货。快递员离开后才打开包装检查，发现有个部件碎了。遇到这样的情况，到底是商家发了残次品，还是运输过程所致，抑或者顾客不慎打破？此时，快递公司不承担责任，顾客也说不是自己破坏的，商家百口莫辩，只能跟顾客协商处理。建议通过补差价、补寄破损部件的方式弥补顾客。如果无法协调，再考虑退货的做法。一般再次退货，商品不是专业人员打包，返回路上容易造成商品的二次损坏。原本灯具碎了一个零件，收到退货后极可能其他部件也坏了，造成更大的损失。

（三）地址错误

有些订单是顾客自行下单，没有与客服人员进行沟通，也就是常说的静默转化。此时，商家无法通过旺旺主动联系顾客核实订单信息。当商品发货后，顾客提出需要更改地址。此时，需要第一时间联系己方揽件站点，告知订单号和要更改的地址，同时也要告知顾客，商品需要到最后一个站点才能更改地址，需要耐心等待，另外跨省市部分快递公司改地址有一定费用，需要跟顾客协商承担。

（四）派件失败

商品派送失败的原因很多，如联系不上收件人或收件人拒绝签收等情况时有发生。遇到这类问题，首先尝试与顾客取得联系，询问具体情况。如顾客暂时不方便签收，为了保证交易的正常进行，商家需在系统上操作延长收货期，并联系派件网点协商。如收件人与快递之间产生矛盾导致拒绝签收的，应先从中协调，如还不能解决问题的，需引导顾客申请退货。

（五）配送时效

由于物流配送受到天气和路况等自然因素的影响，商家轻易不要许诺顾客物流时效，一般都会说得比较保守。但是即便如此，也会遇到特殊情况影响配送时效。一般来说，春夏季节是南方暴雨飓风的频发期；秋冬季是北方暴雪或雾霾的高发期；节日大促，如“双十一”“双十二”等，仓储压力爆棚；春节前后，经常无人配送。针对以上情况，需要商家对配送有个预判，对时效影响大的订单，提前告知顾客，避免后期退货，或者因为物流时效产生中差评。为了给顾客提供更好的配送服务，商家也可以将特殊的物流情况发布到店铺首页，进行全店公告，如“春节期间正常接单，只接单，不发货，年后初八开始根据订单顺序陆续发货”等。

# 主要参考文献

秦关召，伍均锋，石龙，2017. 农村电子商务［M］. 北京：中国农业科学技术出版社.
杨超，2016. 农产品电子商务［M］. 北京：中国农业科学技术出版社.